Die schönsten
MÄRCHEN

Die schönsten
MÄRCHEN

Nacherzählt von

Berlie Doherty

Illustriert von

Jane Ray

URACHHAUS

Märchen sind verzauberte Träume. Wir erinnern uns an sie, als hätte man sie uns vorgesungen, während wir in einem langen, tiefen Schlaf lagen. Wenn wir sie dann wieder hören, denken wir: Ach ja, das ist mir alles schon so lang bekannt. Dies ist so, weil sie viele hundert Jahre alt sind und man sie schon tausende Male vielen, vielen begierigen Ohren erzählt hat.

Jedesmal, wenn sie erzählt werden, fügen die Erzähler kleine Einzelheiten hinzu – hier eine Farbe, da eine Ausschmückung, einen Seufzer oder ein geheimnisvolles Lachen oder ein Lied, das es vorher nicht gegeben hat. Aber sie dürfen niemals etwas an der eigentlichen Geschichte verändern, denn der Zauber der Märchen lebt in der Gestalt, die sie immer schon hatten. Es gibt bekanntlich bestimmte Muster, die sich in allen Märchen wiederholen, da sie Urbilder sind. So ist äußere Schönheit ein Ausdruck innerer Qualitäten und Liebe ist der höchste ethische Wert. Das Böse dagegen verstößt gegen diese Werte und wird daher immer bestraft oder zur Läuterung gebracht.

In diesem Band sind einige der schönsten Märchen des europäischen Kulturkreises versammelt und neu erzählt. Als meine Verlegerin Wendy Boase mich fragte, ob ich mit Jane Ray zusammenarbeiten und die Geschichten auf meine Weise erzählen wolle, empfand ich das als die schönste Aufgabe, die ich je hatte. Ich wollte die Geschichten so erzählen, dass sie wie ein Lied für Wendy klingen.

Diese verzauberten Träume sind für Wendy

Berlie & Jane

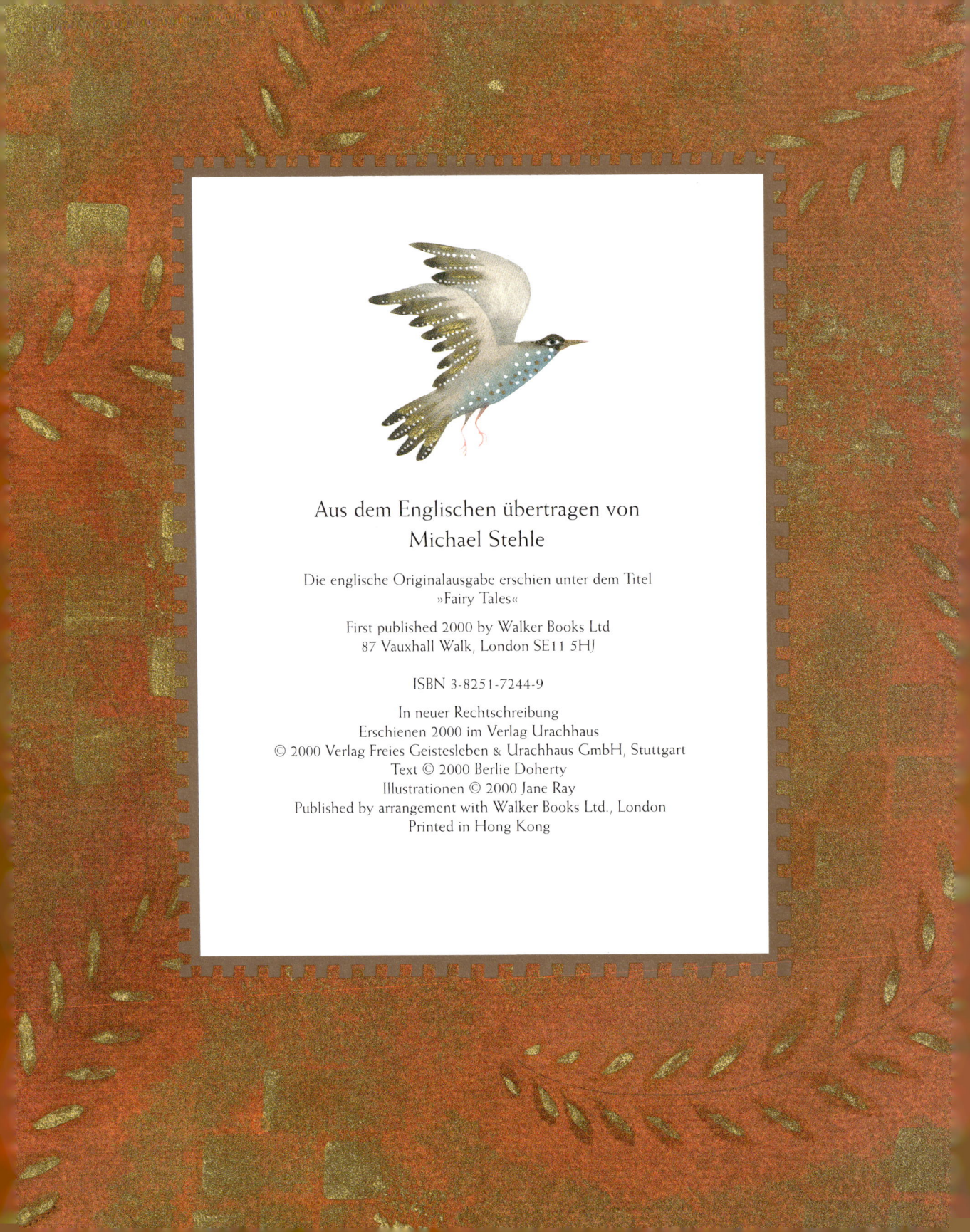

Aus dem Englischen übertragen von
Michael Stehle

Die englische Originalausgabe erschien unter dem Titel
»Fairy Tales«

First published 2000 by Walker Books Ltd
87 Vauxhall Walk, London SE11 5HJ

ISBN 3-8251-7244-9

In neuer Rechtschreibung
Erschienen 2000 im Verlag Urachhaus
© 2000 Verlag Freies Geistesleben & Urachhaus GmbH, Stuttgart
Text © 2000 Berlie Doherty
Illustrationen © 2000 Jane Ray
Published by arrangement with Walker Books Ltd., London
Printed in Hong Kong

◆ Die Märchen ◆

ASCHENPUTTEL

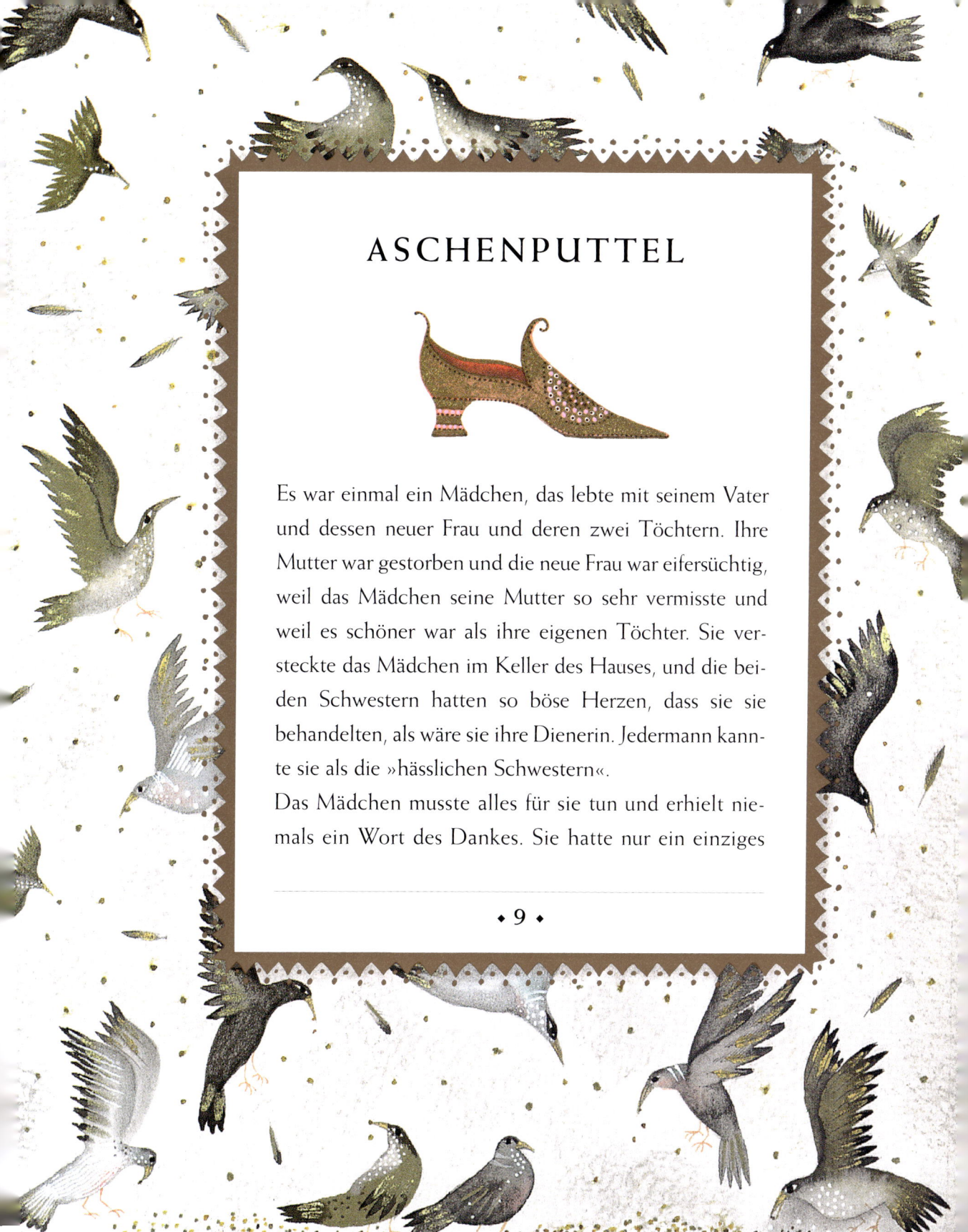

Es war einmal ein Mädchen, das lebte mit seinem Vater und dessen neuer Frau und deren zwei Töchtern. Ihre Mutter war gestorben und die neue Frau war eifersüchtig, weil das Mädchen seine Mutter so sehr vermisste und weil es schöner war als ihre eigenen Töchter. Sie versteckte das Mädchen im Keller des Hauses, und die beiden Schwestern hatten so böse Herzen, dass sie sie behandelten, als wäre sie ihre Dienerin. Jedermann kannte sie als die »hässlichen Schwestern«.

Das Mädchen musste alles für sie tun und erhielt niemals ein Wort des Dankes. Sie hatte nur ein einziges

ASCHENPUTTEL

abgetragenes, graues Kleid, und am Abend, wenn sie all ihre Dienste verrichtet hatte, musste sie sich zur Feuerstelle legen und inmitten der ausgebrannten Kohle und Asche schlafen. So kannte sie bald jedermann als das Aschenputtel.

Eines Tages ging Aschenputtels Vater auf eine Reise und er fragte seine drei Töchter, was er ihnen mitbringen sollte.

»Bring mir eine goldene Halskette mit«, sagte die Älteste.

»Bring mir funkelnde Juwelen mit, die zu meinen Augen passen«, sagte die zweite.

Der Vater lächelte und wandte sich an Aschenputtel: »Und was ist mit dir?«

»Ich möchte den ersten Zweig haben, der dir beim Reiten gegen den Hut schlägt«, sagte Aschenputtel. Die Schwestern lachten boshaft.

ASCHENPUTTEL

»Dieses Mädchen ist ein Dummkopf«, sagte die Stiefmutter. »Sie verdient gar kein Geschenk.«

Als der Vater von seiner Reise zurückkam, hatte er Gold, Juwelen und einen Haselnusszweig in seiner Tasche. Aschenputtel lief sofort mit ihrem Zweig aus dem Haus, pflanzte ihn auf das Grab ihrer Mutter in die Erde und weinte bitterlich.

Jeden Tag stahl sich Aschenputtel, wenn sie ihre Arbeit getan hatte, aus dem Haus und begoss den Zweig mit ihren Tränen, und es dauerte nicht lange, da geschah etwas Wunderbares. Der Haselnusszweig begann zu wachsen. Zarte Triebe sprossen aus den Ästen und grüne Blätter breiteten sich über sie aus. Es wurde ein richtiger Baum. Die Blätter tanzten und flatterten im Wind, und Zaunkönige und Krähen und Drosseln und Turteltauben siedelten sich in seinen Ästen an und sangen für Aschenputtel.

ASCHENPUTTEL

Bald nachdem dies geschehen war, wurde überall verkündet, dass der Prinz des Reiches ein drei Tage währendes Fest veranstalten würde. An jedem der drei Abende sollte es einen Ball geben und als Höhepunkt würde er sich am letzten Abend eine Braut auswählen. Du kannst dir vorstellen, wie aufgeregt alle in Aschenputtels Haus waren, als die Einladung kam!

»Endlich, endlich!«, sagte die Stiefmutter zu ihrem Mann. »Sicher wird er eine von unseren Töchtern auswählen!«

Die beiden hässlichen Schwestern konnten an nichts anderes mehr denken und von nichts anderem mehr reden. Unaufhörlich stritten sie darüber, für welche der beiden der Prinz sich wohl entscheiden würde. Sie befahlen Aschenputtel, ihnen schöne Kleider für den Ball zu nähen, paradierten vor dem Spiegel auf und ab und nie konnte Aschenputtel es ihnen recht machen.

ASCHENPUTTEL

»Zu lang!«

»Zu kurz!«

»Zu eng!«

»Zu weit!«

»Zu schlicht!«

»Zu fransig!«

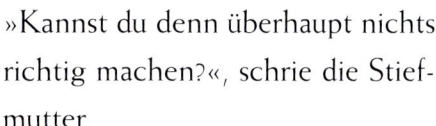

»Kannst du denn überhaupt nichts richtig machen?«, schrie die Stiefmutter.

Als es kurz vor dem Abend des ersten Balles keinen Stoff mehr gab, den man noch hätte verarbeiten können, mussten sie sich notgedrungen zufrieden geben. Natürlich gab es kein Wort des Dankes für Aschenputtel.

ASCHENPUTTEL

»Jetzt kannst du uns die Haare richten«, sagten sie. »Sorg' dafür, dass wir schön aussehen und beeil dich gefälligst!«

Sie verlangten eigentlich Unmögliches von Aschenputtel, aber sie tat ihr Bestes. Als sie fertig war, fragte sie ihre Stiefmutter: »Und was kann ich zum Ball anziehen?«

Diese war so erstaunt, dass es ihr beinahe die Sprache verschlug.

»Du? Wer hat davon gesprochen, dass du zum Ball gehst?«

»Aber die Einladung galt uns allen. Bitte lass mich mitkommen.«

Aschenputtel wandte sich an ihren Vater: »Bitte lass mich gehen!«

Doch die Stiefmutter überlegte sich etwas, um sie zum Schweigen zu bringen.

ASCHENPUTTEL

Sie nahm eine Schüssel mit Reis und schüttete sie in die Asche beim Kamin aus.

»Sammle alle Reiskörner auf«; sagte sie ihr, »danach kannst du von mir aus zum Ball gehen.«

Sie ging mit ihren Töchtern in ihre Zimmer, wo sie sich die Ballkleider anzogen.

Aschenputtel lief hinaus zu ihrem Haselnussbaum und sprach zu ihm:

>»Lieber, lieber Haselnussbaum,
>willst du mir helfen?«

Und sofort antwortete ein Zwitschern und Gurren und ein Flügelflattern und alle ihre Zaunkönige und Drosseln und Krähen und Turteltauben flogen zu ihr herab. Sie pickten mit ihren Schnäbeln in der Asche und es dauerte nur einen Augenblick, bis alle Reiskörner fein säuberlich in der Schüssel lagen. Singend vor Freude lief Aschenputtel zu ihrer Stiefmutter.

ASCHENPUTTEL

»Jetzt kann ich zum Ball gehen!«, sagte sie.

Aber die Stiefmutter beachtete die Schüssel mit Reis in Aschenputtels Händen gar nicht.

»Mach dich doch nicht lächerlich! In diesem schäbigen Kleid? Du kannst ja nicht einmal tanzen! Das kommt überhaupt nicht in Frage.«

Doch Aschenputtel bettelte so inständig, dass sich die Stiefmutter etwas Neues ausdenken musste. Sie nahm zwei Schüsseln mit Linsen und leerte sie in die Asche.

»Suche die heraus, die man noch essen kann, und du kannst zum Ball gehen«, sagte sie und begann mit ihren Töchtern, sich Handschuhe und Tanzschuhe anzuziehen.

Also lief Aschenputtel noch einmal hinaus zu ihrem Haselnussbaum und rief zu den Ästen hinauf:

>»Lieber, lieber Haselnussbaum,
>
>willst du mir helfen?«

Und sofort antwortete ein Zwitschern und Gurren und

ein Flügelflattern, und alle ihre Zaunkönige und
Drosseln und Krähen und Turteltauben begannen, mit
ihren Schnäbeln in der Asche zu picken. Sie suchten
alle Linsen heraus und säuberten sie so gründlich, dass
man sie wieder essen konnte.

Voller Freude lief Aschenputtel mit den Schüsseln aus
der Küche. Ihre Stiefmutter und die Schwestern wollten gerade in die Kutsche steigen. Das Pferd scharrte
mit den Hufen und wollte schon lostraben. Da rief

ASCHENPUTTEL

Aschenputtel: »Wartet! Ich bin fertig! Jetzt kann ich mitkommen!«

Aber die Stiefmutter und Schwestern lachten nur und beachteten die Schüsseln mit Linsen gar nicht.

»Schau dich doch an! Du siehst ja aus wie ein Lumpensammler! Wie willst du so zum Ball gehen?«

Aschenputtel klammerte sich an die Hand ihres Vaters.

»Bitte lass mich mitkommen!«

Aber die Stiefmutter ergriff die Zügel und die Kutsche fuhr davon.

Aschenputtel blieb allein zu Haus zurück. Traurig und seufzend ging sie zu ihrem Haselnussbaum und setzte sich unter seine Zweige.

»Lieber, lieber Haselnussbaum,

wenn du mir doch nur helfen könntest.«

Plötzlich erhob sich ein unruhiges Geflatter, all die Vögel kamen herabgeflogen und trugen ein silbernes

ASCHENPUTTEL

Kleid und Tanzschuhe herbei, die leuchteten wie Sterne. Aschenputtel zog sie an und lief zum Ball.

Der Palast erstrahlte von farbigen Girlanden und Kerzenlicht. Wunderschöne Frauen drehten sich in herrlichen Kleidern im Tanz wie Schmetterlinge. Niemand erkannte Aschenputtel, als sie den Ballsaal betrat, doch jeder bewunderte sie, denn sie war die Schönste von allen.

Der Prinz kam sofort auf sie zu, bat sie, mit ihm zu tanzen und wich den ganzen Abend lang nicht mehr von ihrer Seite. Als sie ihren Vater aufbrechen sah, sagte sie, sie müsse gehen.

»Dann lass mich dich nach Hause bringen«, bat sie der Prinz, doch sie ließ ihn allein, denn sie wollte nicht, dass er wusste, wer sie war. Er folgte ihr, bemüht, sie nicht aus den Augen zu verlieren. Doch es gelang ihr, in das Taubenhaus ihres Vaters zu laufen, die Tür hinter

ASCHENPUTTEL

sich zu schließen und durch eine andere Tür zu ihrem Baum hinauszulaufen. Dort gab sie den Vögeln ihr silbernes Kleid und die Tanzschuhe, damit sie sie verstecken konnten.

Der Prinz rief ihren Vater aus dem Haus und bat ihn, ihm das Taubenhaus zu öffnen, Aschenputtel aber lag schon längst in ihrem schmutzigen grauen Kleid vor dem Ofen und niemand wusste, was geschehen war.

Am nächsten Abend fand der zweite Ball statt, Aschenputtel aber sagte nichts, half ihren Schwestern beim Ankleiden und als alle gegangen waren, ging sie zu ihrem Haselnussbaum.

»Lieber, lieber Haselnussbaum,
willst du mir helfen?«

Es gab ein Wispern in den Zweigen und die Vögel des Baumes kamen zu ihr herab. Diesmal glänzten ihr Kleid und die Tanzschuhe wie der Mond, Aschenputtel zog

ASCHENPUTTEL

sie an und lief so schnell sie konnte zum Ball. Wieder erkannte sie niemand und wieder tanzte der Prinz die ganze Nacht lang nur mit ihr. Als sie den Ball verließ, wusste sie, dass er ihr folgen würde, und als sie nahe beim Haus war, versteckte sie sich in einem Birnbaum.

»Komm herunter!«, rief der Prinz sehnsüchtig und als sie nicht antwortete, lief er zum Vater und sagte ihm, dass die schöne Prinzessin, die er auf dem Ball gesehen hatte, sich in einem seiner Bäume versteckt habe.

Der Vater wunderte sich sehr, dass die Prinzessin sich schon zum zweiten Mal auf seinem Hof versteckt haben sollte. Er ließ den Baum fällen, aber niemand war darin versteckt, denn Aschenputtel hatte schon längst ihre Kleider zum Haselnussbaum gebracht und lag in ihren Lumpen vor dem Ofen.

Am Abend des dritten Balles ging sie wieder hinaus zu ihrem Baum.

ASCHENPUTTEL

»Lieber, lieber Haselnussbaum,
willst du mir helfen?«

Und die Vögel flatterten zu ihr herab mit einem Kleid und mit Tanzschuhen, die waren so golden wie die Sonne und Aschenputtel war so schön wie nie zuvor. Wieder tanzte der Prinz die ganze Nacht lang nur mit ihr und diesmal nahm er sich vor, er würde sie nicht noch einmal davonlaufen lassen. Als es Mitternacht wurde und sie sah, dass ihr Vater schon fort war, versuchte sie sich davonzuschleichen. Der Prinz aber folgte ihr, und als sie in größter Eile davonlief, verlor sie einen ihrer goldenen Schuhe. Er hob ihn auf und hielt ihn an sein Herz.
»Das Mädchen, dem dieser Schuh passt, werde ich heiraten«, sagte er.

Am nächsten Tag besuchte er die Töchter aller Familien des Reiches, um sie den Schuh anziehen zu lassen, doch er war so klein und lieblich, dass keine hinein-

ASCHENPUTTEL

passte. Als er zu Aschenputtels Haus kam, rieben sich die beiden hässlichen Schwestern ihre Füße mit kostbarem Öl ein, damit sie gut dufteten.

»Ihr habt so feine Füße«, sagte ihre Mutter, »eine von euch beiden muss er heiraten.«

Sie zankten miteinander, doch als der Prinz hereintrat, zeigten sie ihm ihr süßestes Lächeln.

Zuerst versuchte es die Ältere, doch alles Drücken und Pressen war vegebens. »Es ist mein großer Zeh!«, jammerte sie, »er ist zu lang.«

»Schneid ihn doch ab«, zischte die Mutter und gab ihr ein Messer. »Als Prinzessin wirst du ihn nicht brauchen.« Sie schnitt ihn ab und der Schuh passte. Doch als sie und der Prinz auf dem Weg zum Schloss am Haselnussbaum vorbeikamen, riefen die Vögel dem Prinzen aufgeregt zu, er solle sich den Schuh genau anschauen. Der Prinz ließ die Kutsche anhalten, sah den

ASCHENPUTTEL

Schuh an und fand ihn voller Blut. Da brachte er das Mädchen zurück zur Mutter und wollte ihre Schwester sehen. Nun bemühte sich diese mit allen Kräften, doch es war hoffnungslos. »Er passt beinahe«, flüsterte sie der Mutter zu, »nur die Ferse will nicht herein.«

»Drück doch, du Dummkopf!«, sagte die Mutter und presste den Fuß so stark in den Schuh, dass die Ferse zu bluten begann. Dennoch, der Schuh saß am Fuß und der Prinz wollte sie zur Braut haben. Doch als sie auf dem Weg zum Schloss an dem Haselnussbaum vorüberkamen, begannen die Vögel ein solches Gekreisch, dass der Prinz die Kutsche anhalten ließ, den Schuh ansah und bemerkte, wie der weiße Strumpf an der Ferse vom Blut ganz rot gefärbt war. Er ließ die Kutsche umdrehen und brachte das Mädchen nach Hause.

»Habt Ihr nicht vielleicht noch eine weitere Tochter?«, fragte er den Vater.

ASCHENPUTTEL

»Nein«, antwortete dieser, doch als Aschenputtel vom Ofen aufstand, sagte er: »Nur noch Aschenputtel.«

»Aber seht sie Euch doch an!«, sagte die Stiefmutter. »Die kann doch unmöglich Eure Braut sein.«

Doch Aschenputtel trat hervor, schritt auf den Prinzen zu, nahm den Schuh und schlüpfte so einfach hinein, dass der Prinz wusste: Es war ihrer. Er schaute ihr ins Gesicht und war sicher, dass sie es war, mit der er drei Nächte lang getanzt hatte. Und obwohl sie nur Fetzen auf dem Leib trug, erkannte er sie wieder.

Die Stiefmutter und die hässlichen Schwestern begannen vor Wut zu heulen. Da kamen alle Vögel aus dem Haselnussbaum herbei und pickten so lange mit ihren Schnäbeln an ihnen herum, bis sie um Verzeihung baten. Aschenputtel und der Prinz bemerkten all dies gar nicht. Er kniete vor ihr nieder und fragte sie, ob sie seine Frau werden wolle; und Aschenputtel sagte ja.

DORNRÖSCHEN

Eines Tages ging eine Königin allein in ihrem Rosengarten spazieren. Sie besaß beinahe alles, was sie wollte, nur ihr sehnlichster Wunsch war ihr bislang nicht erfüllt worden. Als sie an einem Rosenbusch vorbeiging, hörte sie ein aufgeregtes Flattern und sah einen goldenen Vogel, der sich in den Ästen verfangen hatte. »Du armes Ding«, sagte sie und beeilte sich, ihn zu befreien. Da breitete der Vogel seine Flügel aus, flog heraus und sang ihr zu: »Du kannst dir wünschen, was du willst!« Die Königin ging zum Schloss zurück und war von Freude ganz erfüllt.

DORNRÖSCHEN

Ihr Wunsch ging in Erfüllung: Noch bevor das Jahr zu Ende ging, gebar sie eine Tochter. »Ich möchte sie Dornröschen nennen, nach dem Rosenbusch in meinem Garten«, sagte sie. Der König wunderte sich über diesen Namen, doch da er so glücklich war, stimmte er zu. »Wir müssen die Taufe ganz besonders festlich feiern«, sagte er und die Königin meinte: »Sie kam zu mir durch ein Wunder. Wir sollten auch die Feen einladen.«

Also wurden an alle Feen des Reiches Einladungen ausgesandt, doch durch einen Fehler wurde eine vergessen. Das war sehr schlimm, denn von allen Feen war gerade diese die mächtigste. Man kannte sie als die »Fee der Finsternis« und sie war berüchtigt wegen ihrer bösen Zaubersprüche.

Am Tag der Taufe war das Schloss wie von Sternen herrlich erleuchtet und ein wunderbares, unerklärliches Summen lag in der Luft. Und auf einmal waren all die

DORNRÖSCHEN

Feen im Schloss und jede brachte ein Geschenk für die kleine Prinzessin Dornröschen mit: Glocken für ihre Musik, Blumen für ihre Schönheit, Kristallwasser für ihr Tanzen – eigenartige Geschenke, wie sie nur von Feen kommen. Als die letzte von ihnen gerade ihr Geschenk in die Wiege legen wollte, erhob sich ein eisiger Wind und die Kerzen begannen zu flackern. Dann erschien die Fee der Finsternis. Ihre Augen funkelten wie Rubine in ihrem weißen Gesicht. Sie starrte die Gäste durchdringend an und keiner von ihnen wagte, sich zu bewegen.

»Warum hat man mich nicht zur Taufe eingeladen?«, beklagte sie sich. Der König und die Königin eilten zu ihr und baten um Verzeihung, doch sie ging an ihnen vorüber, als wären sie unsichtbar.

Unbeirrt schritt sie auf die Wiege zu, in der das kleine Dornröschen in tiefem Schlaf lag.

DORNRÖSCHEN

»Man hat mich nicht eingeladen«, sagte die Fee der Finsternis, »und dennoch habe ich ein Geschenk mitgebracht.« Sie nahm einen Strauß mit schwarzen Blumen aus ihrem Mantel und warf ihn auf die Wiege.

»Dies ist mein Geschenk«, zischte sie. »An deinem fünfzehnten Geburtstag wirst du dir mit der Spindel eines Spinnrades den Finger blutig stechen und daran sterben!« Darauf hüllte sich die böse Fee in ihren Mantel und verschwand

Der König und die Königin waren verzweifelt und flehten: »Könnt Ihr nicht irgend etwas tun?« Doch die Feen schüttelten die Köpfe und wandten ihre Gesichter ab. »Sie ist die mächtigste Fee von allen. Gegen ihre Kraft vermag man nichts«, sagten sie.

Doch da trat die jüngste Fee vor und sagte: »Wartet. Ich habe mein Geschenk noch nicht in die Wiege gelegt. Es ist wahr, auch ich kann den Zauber der Fee

der Finsternis nicht brechen. Aber ich kann ihn schwächen. Prinzessin Dornröschen wird sich an ihrem fünfzehnten Geburtstag in den Finger stechen, aber sie wird nicht sterben. Stattdessen wird sie in einen hundertjährigen Schlaf fallen. Und alle Lebewesen im Schloss werden zusammen mit ihr schlafen. Nur durch einen Kuss kann sie wieder erweckt werden.« Und die Feen schwebten davon.

Die Königin hob das Kind aus der Wiege und drückte es an ihr Herz. »Was für ein Leben hast du vor dir?«, weinte sie. »Hundert Jahre lang wirst du schlafen müssen!« Der König nahm sie in den Arm und bat sie, mit dem Weinen aufzuhören.

»Es wäre furchtbar, doch es wird nicht geschehen«, versprach er ihr. »Ich werde jedes Spinnrad des Reiches ins Schloss bringen und verbrennen lassen.« Und so geschah es auch. Vor dem Schloss wurde ein

DORNRÖSCHEN

großes Feuer angezündet und alle Spinnräder des Reiches wurden gesammelt und hineingeworfen. Und es gab niemanden, der nicht mithelfen wollte.

»Rettet die Prinzessin!«, riefen die Leute.

»Sieh her, du böses Ungeheuer,

dein Fluch wird ausgelöscht im Feuer!«

Aber die böse Fee beobachtete alles aus dem Verborgenen heraus und lachte in sich hinein.

Dornröschen hatte alles, was die Feen ihr gewünscht hatten. Sie war schön und klug, stark und gesund, weise und gütig. Sie konnte tanzen wie eine Libelle und singen wie eine Feldlerche, und was das Schönste war: Jeder liebte sie. Als ihr fünfzehnter Geburtstag nahte, beschlossen die Eltern, ein großes Fest zu feiern.

»Wir haben alle jungen Prinzen des Reiches eingeladen«, sagten sie ihr. »Sie alle möchten dich gern sehen, Dornröschen.«

DORNRÖSCHEN

»Wozu?«

»Um dich zu heiraten natürlich. Sicher wird einer der hübschen Prinzen dich bitten, seine Frau zu werden.«

»Seine Frau? Ich will aber gar nicht heiraten! Ich will keinen von diesen schrecklichen hübschen Prinzen sehen«, sagte Dornröschen. »Ich will nichts anderes als hier mit meinen Freunden im Schloss spielen.«

Aber es war schon zu spät. Die Kutschen nahten bereits und die Fanfaren erklangen, mit denen die Ankunft der jungen Prinzen verkündet wurde.

Der König und die Königin eilten in den großen Saal, um sie zu empfangen, und Dornröschen wusste, dass es nur einen Weg gab, um den schrecklichen hübschen Prinzen zu entgehen: Sie musste sich verstecken. Sie lief aus dem Schloss hinaus in die Gärten und kam zu einem Turm, den sie noch nie zuvor bemerkt hatte. Sie öffnete das Tor und ging hinein. Ein eigenartiges

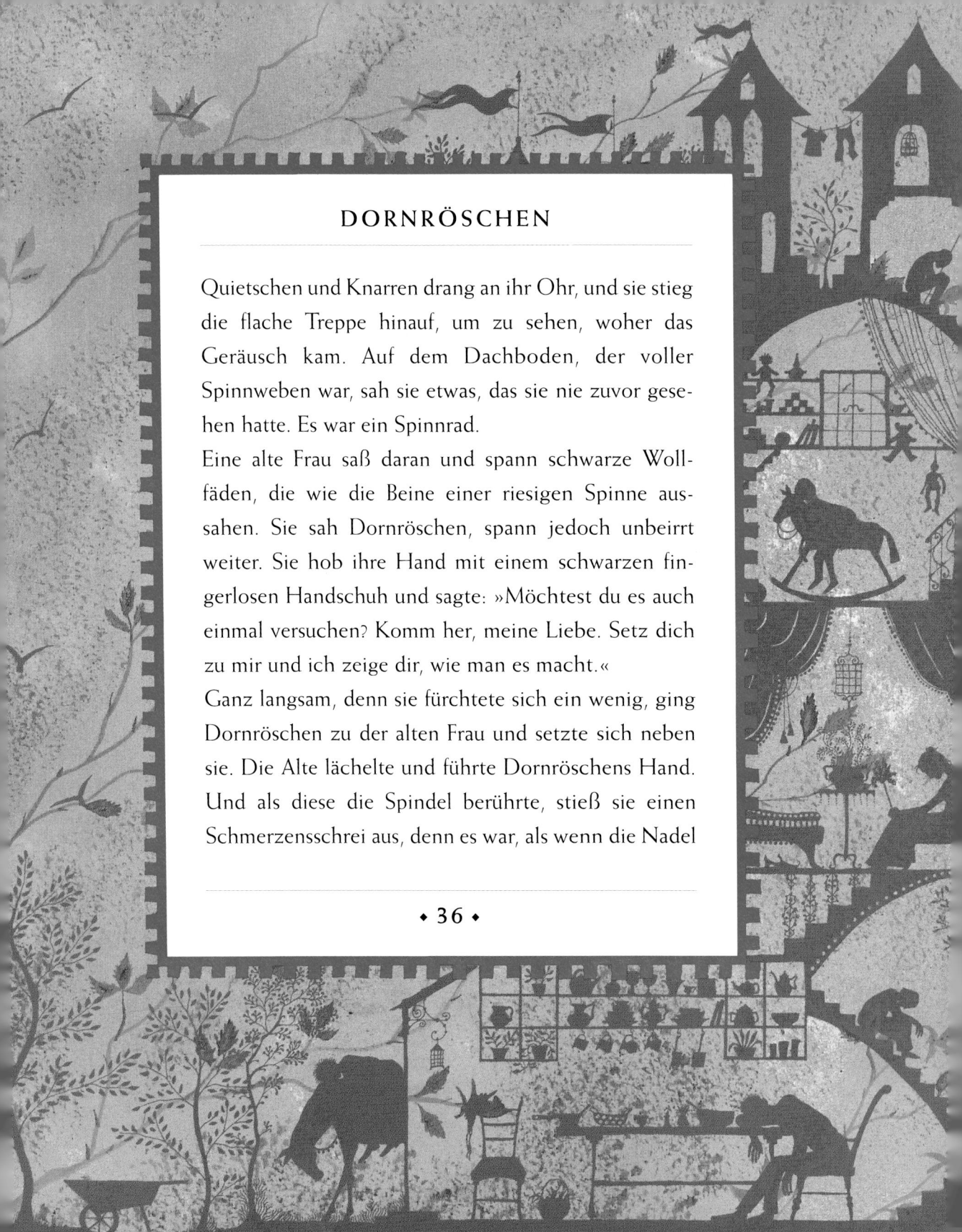

DORNRÖSCHEN

Quietschen und Knarren drang an ihr Ohr, und sie stieg die flache Treppe hinauf, um zu sehen, woher das Geräusch kam. Auf dem Dachboden, der voller Spinnweben war, sah sie etwas, das sie nie zuvor gesehen hatte. Es war ein Spinnrad.

Eine alte Frau saß daran und spann schwarze Wollfäden, die wie die Beine einer riesigen Spinne aussahen. Sie sah Dornröschen, spann jedoch unbeirrt weiter. Sie hob ihre Hand mit einem schwarzen fingerlosen Handschuh und sagte: »Möchtest du es auch einmal versuchen? Komm her, meine Liebe. Setz dich zu mir und ich zeige dir, wie man es macht.«

Ganz langsam, denn sie fürchtete sich ein wenig, ging Dornröschen zu der alten Frau und setzte sich neben sie. Die Alte lächelte und führte Dornröschens Hand. Und als diese die Spindel berührte, stieß sie einen Schmerzensschrei aus, denn es war, als wenn die Nadel

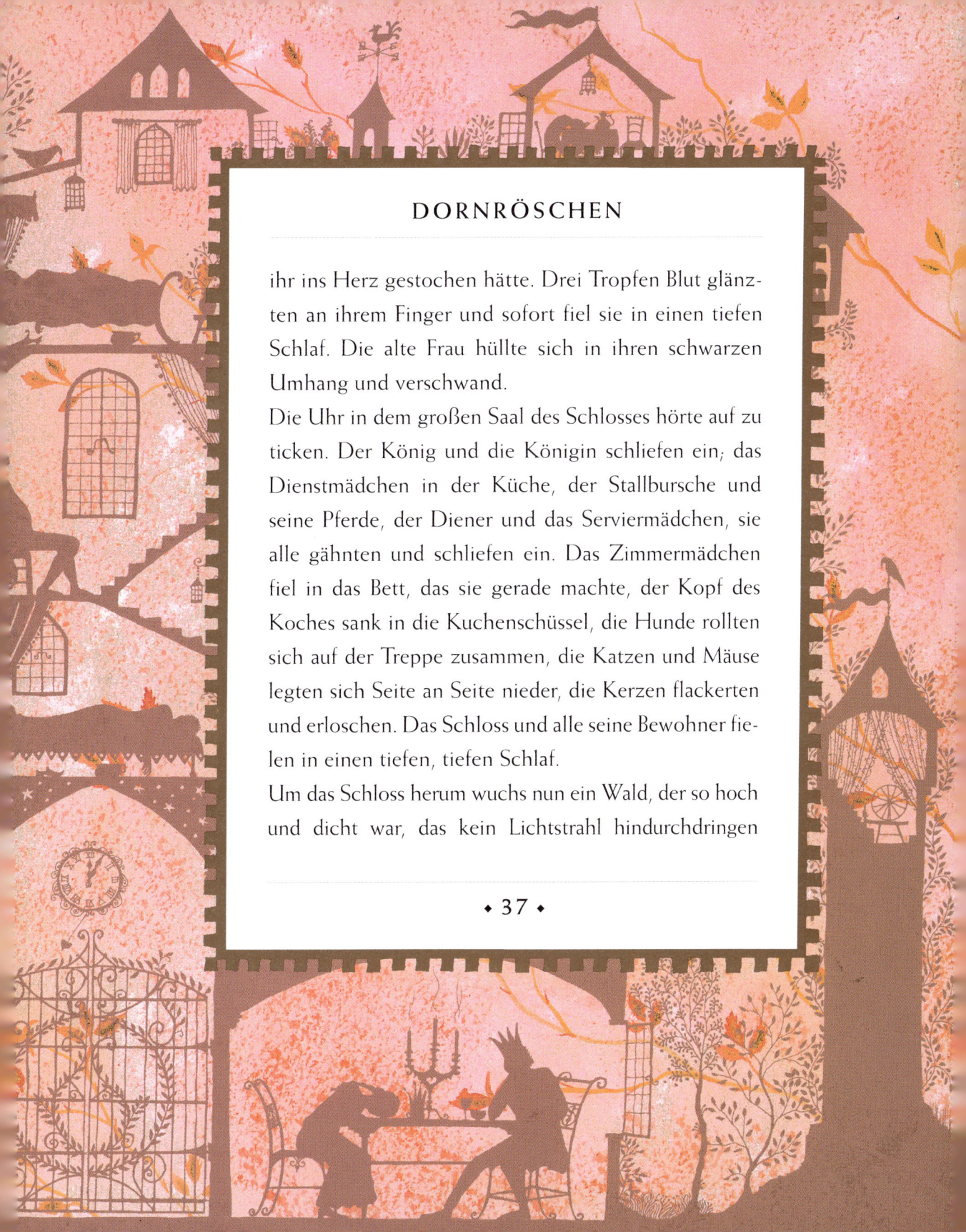

DORNRÖSCHEN

ihr ins Herz gestochen hätte. Drei Tropfen Blut glänzten an ihrem Finger und sofort fiel sie in einen tiefen Schlaf. Die alte Frau hüllte sich in ihren schwarzen Umhang und verschwand.

Die Uhr in dem großen Saal des Schlosses hörte auf zu ticken. Der König und die Königin schliefen ein; das Dienstmädchen in der Küche, der Stallbursche und seine Pferde, der Diener und das Serviermädchen, sie alle gähnten und schliefen ein. Das Zimmermädchen fiel in das Bett, das sie gerade machte, der Kopf des Koches sank in die Kuchenschüssel, die Hunde rollten sich auf der Treppe zusammen, die Katzen und Mäuse legten sich Seite an Seite nieder, die Kerzen flackerten und erloschen. Das Schloss und alle seine Bewohner fielen in einen tiefen, tiefen Schlaf.

Um das Schloss herum wuchs nun ein Wald, der so hoch und dicht war, das kein Lichtstrahl hindurchdringen

DORNRÖSCHEN

konnte. Kein Vogel flog dort, kein Tier bewegte sich. Um jeden Ast der Bäume rankten sich die wilden Rosen mit Dornen, so spitz wie Nadeln.

Und so blieb alles hundert Jahre lang.

Überall sprach man von dem verzauberten Schloss und der wunderschönen Prinzessin, die darin schlief. Ritter und Prinzen aus aller Welt kamen und bemühten sich, einen Weg durch den Wald zu finden und die Prinzessin zu befreien. Doch der Wald war zu dicht und die Dornen zu spitz. Sie alle starben jämmerlich in den Dornen.

Eines Tages kam ein junger Prinz in die Nähe des Waldes und ein goldener Vogel flog über ihm und verlor eine Feder. Der Prinz bückte sich, um sie aufzuheben, da verwandelte sich die Feder in seiner Hand zu einem Schlüssel.

»Was soll das bedeuten?«, fragte er sich. Ein alter

Mann kam vorüber und sah sich den Schlüssel an und erzählte dem Prinzen eine Geschichte, die sein Groß- vater ihm vor vielen Jahren erzählt hatte .

»Tief in diesem Wald dort drüben ist ein Schloss und in der Nähe des Schlosses ist ein Turm. In dem Turm ist eine Kammer und in der Kammer ist ein Bett. Und auf dem Bett liegt eine Prinzessin. Sie liegt dort schon seit hundert Jahren. Tot ist sie nicht, junger Herr, sie schläft. Das ist die Geschichte, die ich gehört habe. Geht, junger Herr, und rettet sie.«

Der alte Mann ging seines Weges und der Prinz stand da mit dem Schlüssel in der Hand und wusste nicht, was er tun sollte.

»Ich wage es nicht, dort hineinzugehen«, sagte er. »Der Wald ist so dicht und dunkel.« Gleichzeitig dachte er jedoch an die Prinzessin, die durch einen bösen Zauber seit hundert Jahren dort lag und die niemals wieder

erwachen würde, wenn man sie nicht rettete.

»Ich werde es tun!«, sagte er. »Ich versuche es.«

Er schwang sein Schwert, um sich einen Weg durch das Dickicht zu bahnen, da kam der goldene Vogel herabgeflogen, als wollte er ihm den Weg zeigen. Rosen blühten an den wilden Sträuchern und die Äste breiteten sich auseinander, um das Sonnenlicht durchzulassen. Die großen Bäume wiegten sich, um ihm den Weg frei zu machen und in der Ferne sah er das große Schloss und den Turm daneben. Er ging zum Turm und stieg die Treppen hinauf. Er öffnete die Tür mit seinem goldenen Schlüssel, da fand er die Kammer und er fand das Bett und er fand die Prinzessin darauf liegen, die so zart aussah, als sei sie gerade erst eingeschlafen.

»Wie schön sie ist!«, sagte der Prinz und kniete neben ihr nieder, um sie zu küssen. Da öffnete Dornröschen ihre Augen.

DORNRÖSCHEN

Die große Uhr im Schloss begann zu ticken. Der König und die Königin gähnten und streckten sich. Das Dienstmädchen in der Küche, der Stallbursche und seine Pferde, der Diener, das Serviermädchen, sie alle rieben sich die Augen. Das Zimmermädchen sprang aus dem Bett und beendete seine Arbeit, der Koch zog den Kopf aus der Kuchenschüssel und leckte sich die Lippen ab, die Hunde sprangen die Treppen hinunter, die Katzen jagten die Mäuse und die Flammen der Kerzen wur-

• 42 •

DORNRÖSCHEN

den wieder lebendig.

»Du siehst gar nicht aus, als wärest du über hundert Jahre alt!«, sagte der junge Prinz.

»Hundert?«, lachte Dornröschen. »Heute ist mein fünfzehnter Geburtstag!«

Sie stand auf und war so schön, dass der junge Prinz vor ihr auf die Knie fiel.

»Willst Du mich heiraten?«, fragte er.

Und Dornröschen lächelte ihn an und sagte ja.

DIE SCHÖNE UND DAS BIEST

Es war einmal ein Kaufmann, der hatte drei Töchter
und drei Söhne. Die jüngste der Töchter wurde von
allen nur die Schöne genannt. Ihre Schwestern waren
eifersüchtig auf sie und behandelten sie wie eine Sklavin.
Sie ließen sie zu Hause waschen und kochen, während
sie sich auf Festen amüsierten. Aber die Schöne machte sich nichts daraus. Sie war die Lieblingstochter des
Vaters; sie liebte ihn und er liebte sie, und das tröstete
sie. Viele junge Männer kamen und wollten sie heiraten, aber sie wollte keinen von ihnen. Sie liebte ihren
Vater zu sehr, als dass sie ihn hätte verlassen können.
Eines Winters begann eine schwere Zeit für den Vater.
Eines seiner Schiffe nach dem anderen sank auf hoher
See und er verlor alle seine Güter. Er musste sein Haus

DIE SCHÖNE UND DAS BIEST

verkaufen und mit seinen Kindern in ein viel kleineres umziehen. Die Söhne arbeiteten auf dem Feld und die Töchter verdienten ihr Geld als Waschfrauen. Sie hassten diese Arbeit so sehr, dass sie jeden Morgen bis um zehn Uhr im Bett liegen blieben – denn sie wussten, dass die Schöne schon um vier Uhr aufstand und alles besorgte. Und sie tat es freiwillig. Es tat ihr weh, zu sehen, wie groß die Sorgen des Vaters waren, und sie hätte alles getan, um ihn wieder glücklich zu machen.

Dann kamen eines Tages Neuigkeiten, die den Vater vor Freude im Garten herumtanzen ließen.

»Mein letztes Schiff ist heil angekommen!«, sang er und winkte den Kindern mit einem Brief zu. »Wir sind wieder reich!«

Unverzüglich sattelte er sein Pferd und ritt zum Hafen, um sich um seine Geschäfte zu kümmern. Seine Töchter liefen bis zum Ende der Stadt neben ihm her.

DIE SCHÖNE UND DAS BIEST

»Bring mir viele seidene Umhänge mit!«, sagte die älteste.

»Bring mir ein kleines Äffchen mit!«, sagte die mittlere.

»Was ist mit dir, Schöne?«, fragte der Kaufmann gut gelaunt.

»Oh«, sagte die Schöne, »bring mir eine Rose mit.«

Die Schwestern lachten sie aus und der Kaufmann setzte seinen Weg fröhlich fort. Doch am Ende des Tages war seine Freude dahin. Die Nachricht von der Ankunft seines Schiffes war falsch. Anstatt ein ganzes Schiff voll mit kostbaren Gütern zu haben, stand er wieder mit leeren Händen da. Sein letztes Schiff war gesunken und er war arm wie eine Kirchenmaus.

Traurig und enttäuscht ritt er nach Hause. In der Dunkelheit verirrte er sich und geriet in einen furchtbaren Schneesturm. Hagel schlug auf ihn ein und über ihm brüllte der Donner. Da erblickte er ein großes

DIE SCHÖNE UND DAS BIEST

Haus, das vom Blitz erleuchtet wurde, und ritt zu dem
schweren gusseisernen Tor.

»Vielleicht kann ich hier Schutz vor dem Sturm finden«, sprach er laut vor sich hin, und gleich darauf öffnete sich das große Tor von selbst. Er ritt hinein und
das Tor schloss sich hinter ihm. Die Stalltür öffnete sich
und er stieg vom Pferd und führte es hinein, um Schutz
und Futter zu finden. Dann stieg er die Treppen zum
Haupthaus hinauf, und als er gerade läuten wollte, öffnete sich die eisenbeschlagene Tür. Er trat ein und die
Tür schloss sich hinter ihm wieder. Niemand war zu
sehen und dennoch hatte er das Gefühl, als würde er
beobachtet.

Ein Feuer entzündete sich im Kamin, unsichtbare
Hände nahmen ihm den durchnässten Mantel von den
Schultern und den Hut vom Kopf. Er schaute nach
oben, doch da war niemand. Ein gemütlicher Sessel

DIE SCHÖNE UND DAS BIEST

wurde an den Kamin gerückt, er sank hinein und fiel in Schlaf.

Als er erwachte, stand ein Tisch neben ihm, gedeckt mit herrlich duftendem Essen in einer silbernen Schale und köstlichem Rotwein in einem Kelch. Noch immer war nichts von seinem Gastgeber zu sehen, doch der Kaufmann aß und trank dankbar, was man ihm bereitet hatte. Als er das Mahl beendet hatte, wurde der Tisch zur Decke hinaufgezogen und verschwand. Die große Uhr schlug zwölf, alle Kerzen erloschen im Saal – mit Ausnahme einer einzigen, die ihm den Weg die Treppe hinauf beleuchtete. Eine Tür öffnete sich und in der Kammer dahinter war ein frisch gemachtes Bett, die Decke einladend wie für ihn zurückgeschlagen. Also legte er sich hinein und war schon bald darauf eingeschlafen.

Am nächsten Morgen war es, als hätte es den Schnee-

DIE SCHÖNE UND DAS BIEST

sturm nie gegeben, und die Sonne schien durch die Fenster in sein Zimmer. Er fand neue Kleider neben dem Bett und auch ein Frühstück hatte man ihm bereits bereitet. Er rief nach seinem Gastgeber, doch niemand antwortete. Und immer noch hatte er das Gefühl, als würde er von irgendwoher beobachtet. Als er hinausging, um sein Pferd aus dem Stall zu holen, sah er einen Garten, voll mit wohlriechenden Rosen. Da dachte er an seine Tochter, die Schöne, und wollte eine der Rosen für sie mitbringen. Als er jedoch seine Hand ausstreckte und die Blume pflückte, ertönte das Gebrüll eines wilden Tieres und er ließ die Rose vor Schreck fallen. Die Büsche wurden zur Seite geschoben und vor ihm stand ein abscheuliches Biest, das sich aufbäumte und nach dem Kaufmann schlug, als wollte es ihn in Stücke reißen.

DIE SCHÖNE UND DAS BIEST

»Wie kannst du es wagen, meine Rosen zu pflücken?«, knurrte es. »Ich habe dir großzügig Speisen und Schutz vor dem Sturm gewährt. Wie kannst du es wagen, meine Rosen zu stehlen!«

Der Kaufmann warf sich auf die Knie, zitternd vor Angst. »Bitte vergebt mir, Herr!«, bat er.

»Ich bin kein Herr, ich bin das Biest und du wirst deine Tat mit dem Tod büßen.«

»Ich bitte Euch, lasst mich gehen. Ich habe nur eine Rose für meine Tochter gepflückt. Meine Söhne und Töchter werden mich überall suchen. Erlaubt mir zumindest, mich von ihnen zu verabschieden.«

»Geh zurück zu deinen Kindern«, zischte das Biest. »Aber in einem Monat musst du wieder hier sein. Entweder du oder eine deiner Töchter muss sterben.«

»Ich verspreche zurück zu kommen,« sagte der

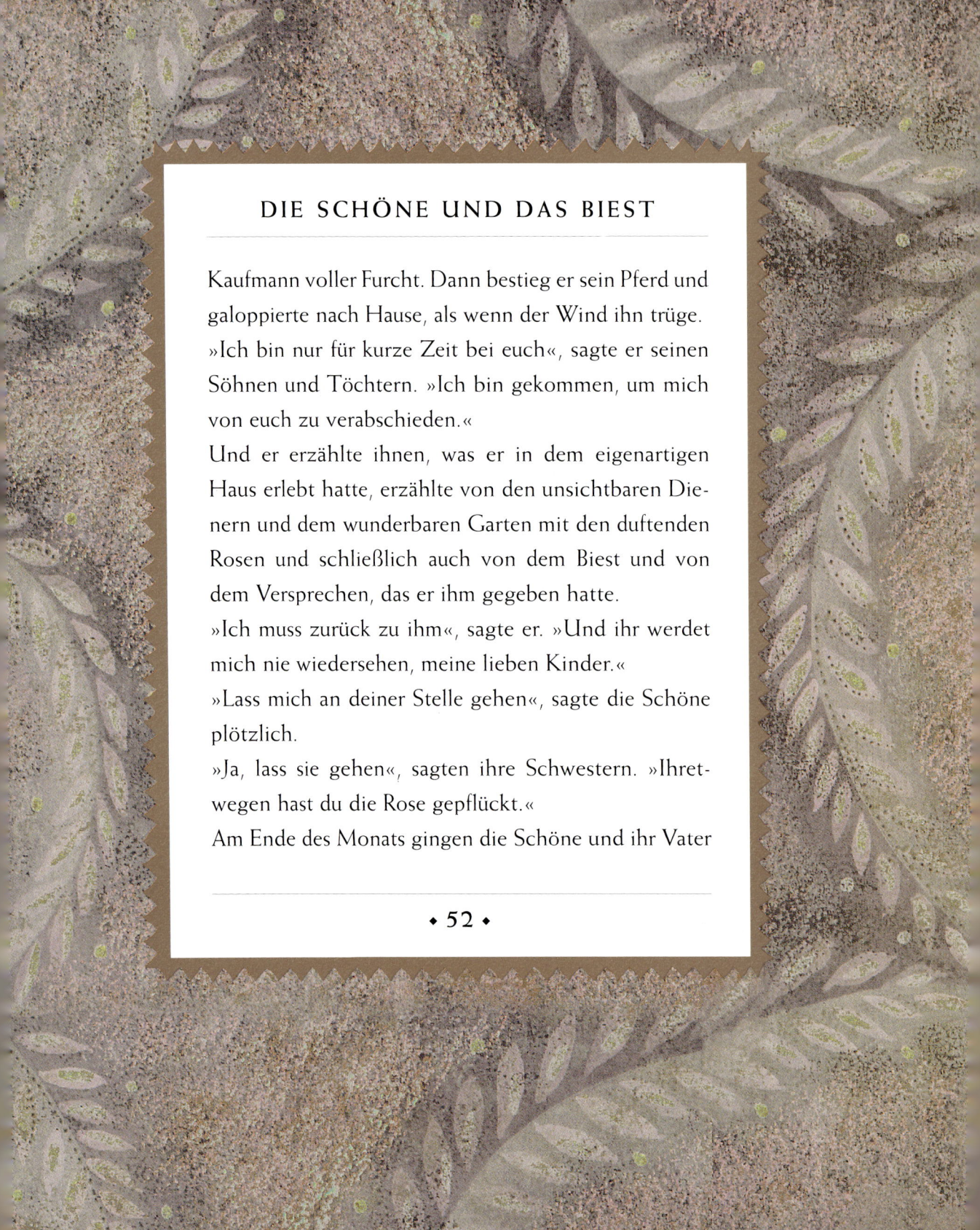

DIE SCHÖNE UND DAS BIEST

Kaufmann voller Furcht. Dann bestieg er sein Pferd und galoppierte nach Hause, als wenn der Wind ihn trüge.

»Ich bin nur für kurze Zeit bei euch«, sagte er seinen Söhnen und Töchtern. »Ich bin gekommen, um mich von euch zu verabschieden.«

Und er erzählte ihnen, was er in dem eigenartigen Haus erlebt hatte, erzählte von den unsichtbaren Dienern und dem wunderbaren Garten mit den duftenden Rosen und schließlich auch von dem Biest und von dem Versprechen, das er ihm gegeben hatte.

»Ich muss zurück zu ihm«, sagte er. »Und ihr werdet mich nie wiedersehen, meine lieben Kinder.«

»Lass mich an deiner Stelle gehen«, sagte die Schöne plötzlich.

»Ja, lass sie gehen«, sagten ihre Schwestern. »Ihretwegen hast du die Rose gepflückt.«

Am Ende des Monats gingen die Schöne und ihr Vater

DIE SCHÖNE UND DAS BIEST

gemeinsam zum Haus des Biestes. Das große Tor schwang auf und langsam und ängstlich traten sie ein. Wieder war niemand zu sehen und dennoch fühlten sie sich beobachtet.

»Lass mich jetzt allein«, sagte die Schöne.

»Wie könnte ich dich allein hier lassen?«

»Du musst«, sagte die Schöne, und traurig verabschiedete sich ihr Vater und kehrte nach Hause zurück.

Die Schöne fand alles für sie vorbereitet: kostbare Speisen, prachtvolle Kleider, funkelnde Juwelen, doch sie fand an all dem keinen Gefallen. Am ersten Abend aß sie allein, bedient von unsichtbaren Händen. Sie fühlte unsichtbare Blicke und wusste, dass das Biest bei ihr war. Sie konnte das Blut an seinen Händen riechen und seinen fauligen Atem; sie hörte das Kratzen seiner Klauen auf den Fliesen, und als sie sich zu ihm umdrehte, wäre sie vor Schreck beinahe in Ohnmacht gefallen.

DIE SCHÖNE UND DAS BIEST

»Hast du alles, was du brauchst, Schöne?«, fragte das Biest sie.

»Ja, danke«, sagte sie und wünschte sich von ganzem Herzen, dass es sie allein ließe. Es war ihr unmöglich, es anzusehen.

»Ich werde dich nicht belästigen«, sagte es. »Aber ich möchte dich jeden Tag anschauen. Darf ich kommen, wenn du isst, nur um dich anzusehen?«

»Ihr seid der Herr hier«, sagte sie. »Ich habe zu gehorchen.«

»Nein, ich habe zu gehorchen«, sagte das Biest.

Also stimmte sie zu. Als sie am nächsten Abend aß, erschauerte sie, als sie seine Krallen auf dem Fußboden hörte. Am Ende des Mahles legte er seine Tatze auf ihre zitternde Hand und fragte: »Schöne, willst du mich heiraten?«

»Nein!«, schrie sie. Sie stieß das Biest zur Seite und lief

DIE SCHÖNE UND DAS BIEST

in ihr Zimmer, wo sie sich auf das Bett warf und bitter weinte. Sie war die Gefangene des Biestes. Sie wusste, dass er sie nicht töten wollte, und doch fürchtete sie sich sehr. Jeden Abend kam das Biest um neun Uhr zu ihr und jeden Abend fragte es sie, ob sie es heiraten wolle und ihre Antwort blieb immer die gleiche. Doch immer, wenn es zu ihr sprach, war seine Stimme so voller Schmerz, dass sie begann, es zu bedauern.

Eines Abends sagte sie: »Ich fürchte dich jetzt nicht mehr und ich will versuchen dein Freund zu sein«.

Und so begann sie sich auf sein abendliches Kommen zu freuen. Sie fühlte sich allein, wenn es nicht da war. Auf eine eigenartige Weise, die sie selbst nicht verstand, begann sie das Biest zu mögen. Doch es blieb immer ein wildes Wesen. Es tötete die Tiere in den Wäldern um das Haus herum und manchmal, wenn es zu ihr kam, hatte es Blut an seinen Tatzen und am

DIE SCHÖNE UND DAS BIEST

Maul. »Vergib mir«, sagte es dann zu ihr, »so bin ich nun einmal.«

Eines Tages schenkte das Biest ihr einen Spiegel. Doch als sie hineinschaute, sah sie nicht ihr eigenes Bild, sondern ihren Vater, der in einer ärmlichen Kammer auf dem Bett lag und alt und krank und traurig aussah. Die Schöne lief zu dem Biest und bat es, sie nach Hause gehen zu lassen.

»Du willst mich verlassen, Schöne?«, fragte es sie und seine Stimme war so voller Trauer, dass ihr die Tränen kamen.

»Nein, ich will dich nicht für immer verlassen«, sagte sie, »doch ich möchte auch bei meinem Vater sein.«

»Gehe zu ihm«, sagte das Biest. »Aber komm nach einer Woche wieder zu mir zurück. Ich kann ohne dich nicht leben, Schöne.«

Also schaute die Schöne noch einmal in den Spiegel

DIE SCHÖNE UND DAS BIEST

und mit einem Mal stand sie am Bett ihres Vaters.

»Schöne«, hauchte er. »Bist du es wirklich? Ich dachte, du wärest tot.«

Er setzte sich auf und lachte vor Freude. Er war ganz krank vor Trauer gewesen, doch der Anblick seiner Lieblingstochter genügte, um ihn wieder gesund und glücklich werden zu lassen.

»Hilf mir aus dem Bett«, sagte er, »ich glaube, es geht mir schon viel besser.«

Seine Töchter und Söhne arbeiteten gerade im Garten, als sie sahen, wie ihr Vater, begleitet von einer wunderschönen fremden Frau auf sie zukam.

»Wer ist diese edle Dame?«, wunderten sich die Brüder.

»Das ist keine edle Dame. Es ist die Schöne«, krächzte die älteste Tochter.

»Seht sie euch bloß an, kommt daher wie eine Königin«, sagte die mittlere. »Für wen hält sie sich?«

DIE SCHÖNE UND DAS BIEST

Aber die Schöne gab ihnen gern ihre Juwelen und seidenen Umhänge.

»Ich brauche sie nicht«, sagte sie ihnen. »Alles was ich brauche, ist ein gesunder und glücklicher Vater.

»Versprich mir, dass du nie wieder fortgehst«, bat er sie.

»Das kann ich dir nicht versprechen, Vater. Das Biest will, dass ich in einer Woche wieder zu ihm komme.«

»Aber das musst du doch nicht!«, sagte ihr ältester Bruder. »Wir werden es für dich töten.«

Als er dies sagte, wurde die Schöne ganz bleich und ihre Augen waren voller Tränen. Alle schauten sie verwundert an.

»Was ist denn das«, sagte der Vater. »Ich habe den Eindruck, du hast das Biest liebgewonnen.«

Doch sie wandte sich ab und konnte nicht sprechen, so sehr wunderte sie sich selbst über die eigenartige Regung ihres Herzens.

DIE SCHÖNE UND DAS BIEST

Dennoch baten alle sie, bei ihnen zu bleiben. Ihr Vater fühlte sich wieder kräftig, doch er sagte ihr, er werde sofort wieder schwach und krank, wenn sie ihn verließe. Die Schöne nahm wieder all die Arbeiten in Haus und Garten auf, so dass die Schwestern sie darum baten, doch zu Hause zu bleiben, denn so hatten sie weniger zu tun. Als der Tag ihres Abschieds kam, spritzten sie sich Zwiebelsaft in die Augen, damit ihre Augen tränten. »Geh nicht, Schöne, bitte geh nicht!«, bettelten sie, und die Schöne war ganz gerührt. Sie fühlte sich, als würde ihr Herz in zwei Teile gerissen.

Also blieb sie noch, doch jede Nacht träumte sie von dem Biest. Als eine weitere Woche vergangen war, nahm sie ihren Spiegel und schaute hinein. Doch anstelle ihres eigenen Bildes sah sie das Biest. Seine Augen waren geschlossen und es lag reglos am Boden, zu schwach um sich zu bewegen. Sie schrie auf vor

DIE SCHÖNE UND DAS BIEST

Schmerz: »Biest!«, schluchzte sie. »Stirb nicht! Bitte, stirb nicht!«, und gleich darauf lief sie durch das schwere Eisentor seines Hauses, lief durch den Garten, durch die duftenden Rosen und in den Wald, in dem das Biest oft auf die Jagd ging.

»Biest!«, rief sie. »Wo bist du? Wo bist du nur?«

Schließlich fand sie es, ausgestreckt im hohen Gras liegend. Seine Augen waren geschlossen und es bewegte sich nicht. Sie lief zu ihm und legte seinen Kopf auf ihren Arm. »Stirb nicht. Bitte, stirb nicht«, schluchzte sie. »Ich liebe dich, Biest.«

Und als sie dies sagte, öffnete das Biest seine Augen. Sein raues Fell fiel von ihm ab und vor ihr stand, jung und stark, ein schöner Jüngling.

»Schöne, ein böser Zauber lag auf mir«, sagte er, »und du hast ihn mit deiner Liebe vertrieben. Willst du mich heiraten?«

DIE SCHÖNE UND DAS BIEST

Und die Schöne sagte ja. Die Hochzeit wurde mit viel Pracht gefeiert.

Der Kaufmann und die Söhne bekamen Häuser auf dem Land des Prinzen, seine Töchter aber wurden in Statuen verwandelt und im Rosengarten aufgestellt, wo sie bleiben sollten, bis sie alles, was sie getan hatten, aufrichtig bedauerten – und das dauerte sehr, sehr lange.

Die Schöne und ihr Prinz aber lebten glücklich und zufrieden bis an das Ende ihrer Tage.

RUMPELSTILZCHEN

Es war einmal ein armer Weber, der hatte eine wunderschöne Tochter. Als sie einmal neben ihm saß und ihr
Garn spann, glänzte ihr Haar wie pures Gold. Da
seufzte der Vater und sagte zu ihr:

»Meine Tochter, du bist viel zu schön, um einen armen
Mann zu heiraten. Du verdienst es, die Frau des Königs
zu werden und ein glückliches Leben zu führen.«

Die Tochter sah ihn an und lächelte und fuhr fort, ihr
Garn zu spinnen.

»Ich bin doch mit dir glücklich, Vater. Und bislang
wollte mich noch niemand heiraten. Und außerdem

RUMPELSTILZCHEN

werde ich den König unseres Reiches wahrscheinlich niemals zu Gesicht bekommen.«

Nun kam es aber, dass der Weber und seine Tochter eines Tages vor der Tür saßen und arbeiteten, da ihre Hütte feucht und kalt und finster war. Sie genossen den Gesang der Vögel, als sie plötzlich das Geklapper von Hufen hörten und einige Männer auf Pferden erschienen. Sie waren in kostbare Gewänder gekleidet, die des Webers Bewunderung fanden. Und es war zu sehen, dass der edelste von ihnen die Tochter des Webers bewunderte, deren langes Haar in der Sonne wie Gold glänzte.

»Gefällt dir meine Tochter?«, fragte der Weber ihn und dachte daran, wie wunderbar es wäre, wenn dieser Mann seine Tochter heiraten wollte.

»Allerdings gefällt sie mir. Ich glaube, sie ist die schönste Frau, die ich je gesehen habe.«

RUMPELSTILZCHEN

»Mehr noch«, sagte der listige Weber, »sie ist auch die geschickteste. Sie kann Stroh zu purem Gold spinnen.«

»Gut«, lachte der junge Mann, »ich möchte dir gerne glauben. Vielleicht kann mich deine Tochter begleiten und es mir zeigen. Wenn du die Wahrheit sagst, werde ich deine Tochter bitten, meine Frau zu werden.«

Erst in diesem Moment bemerkte der Weber, dass der König des Reiches vor ihm stand. Er wirbelte aufgeregt um seine Tochter herum.

»Aber Vater, was soll ich denn tun?«, flüsterte sie ihm zu. »Du weißt, dass ich kein Stroh zu Gold spinnen kann.«

»Psst!«, flüsterte der Vater. »Das macht doch nichts. Er ist ja schon so gut wie verliebt in dich.«

Und weil sie ihren Vater liebte, ging sie mit. Er blieb bei seiner Hütte stehen und winkte ihr zum Abschied, und Tränen der Hoffnung rannen in seinen Bart.

RUMPELSTILZCHEN

Sobald sie im Schloss angekommen waren, schickte der junge König das Mädchen in eine Kammer, in der war nichts außer einem Spinnrad und einem Haufen Stroh.

»Nun zeig mir, was du kannst, denn ich möchte dich gern heiraten«, sagte der König. »Doch niemals dürfte ich mich mit der Tochter eines armen Webers verbinden – es sei denn, sie verfügt über besondere Gaben!« Und er schloss die Tür hinter ihr zu.

Schwermütig starrte das Mädchen auf das Stroh. »Morgen wird der König mich auf ein Pferd setzen und wieder nach Hause schicken«, sagte sie. Eine ganze Weile später starrte sie immer noch auf das Stroh und sie seufzte: »Er wird mir kein Pferd geben. Er wird mich den ganzen Weg barfuß und schamerfüllt zu Fuß gehen lassen.«

Und noch eine Weile später, immer noch das Stroh

RUMPELSTILZCHEN

anstarrend, sagte sie: »Er wird mich überhaupt nicht nach Hause lassen. In einen Kerker wird er mich werfen, und meinen Vater werde ich niemals wiedersehen!«

»Hör doch mit dem Weinen auf!« Sie hörte eine merkwürdige, krächzende Stimme und drehte sich nach ihr um. Da sah sie ein buckliges Männlein mit einer Haut, schrumpelig wie ein vertrockneter Apfel.

»Was gibst du mir, wenn ich dieses Stroh für dich zu Gold spinne?«

»Kannst du das denn?«

»Ich könnte es«, schnalzte das Männlein und hielt ihr seine Hand unter die Nase.

Das Mädchen nahm seine Halskette ab und gab sie ihm. Da sagte das Männlein, sie solle ihre Augen schließen, und während das Spinnrad summte, fiel sie in Schlaf.

Als sie wieder aufwachte, war das Männlein fort, und in

RUMPELSTILZCHEN

der Ecke, in der das Stroh gelegen hatte, lag nun ein ganzer Berg von Gold.

»Das ist ja wunderbar«, sagte der König, als er das sah. »Aber kannst du das auch ein zweites Mal?«

Er ließ mehr Stroh bringen und ließ das Mädchen allein in der Kammer. Sie war so verzweifelt wie noch nie in ihrem Leben und dachte an ihren Vater, der allein zu Haus saß und auf Nachricht von ihr wartete.

»Wie soll ich jemals dieses Stroh zu Gold spinnen können?«, sagte sie. »Mein armer Vater, werde ich ihn je wiedersehen?«

»Hör doch auf!«, hörte sie jemanden sagen, und da stand auch schon wieder das Männlein neben ihr, hielt ihr seine Hand unter die Nase und sagte:

»Was ich einmal konnte, kann ich auch ein zweites Mal.«

Da nahm das Mädchen seinen Ring vom Finger und

RUMPELSTILZCHEN

gab ihn dem Männlein, und zu dem Summen des
Spinnrads schlief sie ein.

Als sie erwachte, war das Männlein fort und mit ihm
das Stroh. Und in der Ecke, in der es gelegen hatte, lag
ein ganzer Berg von Gold.

Als der König dies sah, war er noch glücklicher als
beim ersten Mal.

»Dein Vater hatte recht. Du bist so geschickt wie du
schön bist. Doch bevor ich dich bitte, meine Frau zu
werden, muss ich sicher sein, dass du es auch ein drittes Mal kannst.« Er ließ noch mehr Stroh bringen und
ließ sie wieder in ihrer Kammer allein.

Diesmal war das Mädchen in größter Verzweiflung. Der
Abend kam, doch von dem Männlein war nichts zu
sehen. Der Mond ging auf und immer noch gab es kein
Zeichen von ihm. »Mein armer Vater«, seufzte sie.

»Hör doch auf!« Da war das Männlein, stand neben ihr

RUMPELSTILZCHEN

und hielt ihr die Hand unter die Nase. »Was ich einmal und zweimal konnte, kann ich auch ein drittes Mal!«

»Aber ich habe nichts mehr, was ich dir geben könnte«, sagte das Mädchen. »Du hast schon meine Halskette und meinen Ring, mehr habe ich nicht.«

»Ich spinne dein Stroh zu Gold«, sagte das Männlein, »und du wirst den König heiraten. Und wenn dein erstes Kind geboren wird, gibst du es mir. Das ist mein Angebot. Bist du einverstanden?«

Draußen krähte der Hahn. Der Tag brach an.

»Es sei so«, sagte das Mädchen und schloss seine Augen. Und es kam so, wie das Männlein mit der schrumpeligen Haut gesagt hatte. Der König war so begeistert, als er das Gold sah, dass er das Mädchen bat, seine Frau zu werden, und sie willigte ein.

Es gab eine wunderbare Hochzeit und der Weber durfte beim Schloss wohnen und machte kostbare Kleider

RUMPELSTILZCHEN

für seinen Schwiegersohn, den König. Und ein Jahr
später wurde der Königin ein Sohn geboren.

Am Abend nach der Taufe saß sie in ihrem Zimmer und
sang ihrem Kind ein Schlaflied.

»Hör auf damit!«, sagte eine Stimme, und neben ihr
stand das Männlein und hielt ihr seine Hand unter die
Nase. »Ich komme, um mein Kind zu holen«, sagte es.

»Bitte, bitte, nimm es mir nicht weg«, bettelte sie.

»Ich gebe dir drei Tage Zeit«, sagte das Männlein,
»wenn du bis zum Abend des dritten Tages meinen
Namen nicht erraten hast, gehört das Kind mir.« Und
im nächsten Moment war es verschwunden.

Die ganze Nacht lang und während des ganzen nächsten Tages dachte die Königin nach. Sie fragte jeden,
den sie traf, nach seinem Namen, sie sandte die Boten
des Königs aus, doch ohne Ergebnis. Am Abend erschien das Männlein wieder.

RUMPELSTILZCHEN

»Weißt du meinen Namen?«

Sie versuchte es zuerst mit Namen, die zu ihm passen könnten:

»Buckelrücken?«, schlug sie vor.

»Nein«, schnalzte das Männlein.

»Schrumpelhaut?«

»Nein, nein!« Es stampfte mit seinem Fuß auf den Boden.

»Stampffuß?«

»Nein, nein, nein!«, und es stampfte und hüpfte durch das Zimmer. Und schon war es verschwunden.

Die Königin schickte die Boten noch weiter ins Land, doch alle kamen mit Namen zurück, die nicht passten. Und um Mitternacht kam das Männlein wieder.

»Weißt du meinen Namen?«

Diesmal versuchte sie es mit ganz ausgefallenen Namen.

»Hübscher Heinrich?«

RUMPELSTILZCHEN

»Nein«, grinste es.

»Gustav Goldherz?«

»Nein, nein«, kicherte es in sich hinein.

»Michael, der Mächtige?«

»Nein, nein, nein!« Und es lachte und tanzte durch das Zimmer.

»Nur noch eine Nacht!«, krächzte es und im nächsten Moment war es verschwunden.

Noch einmal schickte die Königin alle Boten aus und wieder kamen sie mit Namen zurück, die einfach nicht die richtigen zu sein schienen. Der Abend nahte und der letzte Bote, der königliche Stallbursche, kehrte zum Schloss zurück. Er sprang so schnell er konnte die Treppen zu ihrem Schlafzimmer hinauf und pochte an die Tür.

»Ich habe eine Geschichte für Euch!«, keuchte er.

»Es ist jetzt nicht die richtige Zeit für Geschichten!«,

sagte die Königin. »Schau doch, es ist beinahe Mitternacht.«

»Hört mir zu«, sagte der Bursche, »ich bin über den Berg, durch den Wald und über den Fluss geritten, bis ich zu einem Ort kam, den ich nie zuvor gesehen hatte. Ich ließ mein Pferd eine Pause machen und dort, wo sich Fuchs und Hase gute Nacht sagen, fand ich eine kleine Hütte, vor der ein Feuer brannte. Und um das Feuer tanzte mit krächzendem Singsang ein kleines Männlein herum.«

»Und in wenigen Augenblicken wird es hier sein«, sagte das Mädchen. »Stör mich nicht länger, ich muss nachdenken! Die Uhr wird gleich Mitternacht schlagen.«

»Wartet«, sagte der Bursche. »Hört Euch das Lied an, das das Männlein sang:

RUMPELSTILZCHEN

Ich sing' und schwing' im Tanz das Bein,

Denn das Königskind ist mein!

Soll das Mädchen Boten senden,

Sie kann das Blatt doch nicht mehr wenden!

Ach, wie gut das niemand weiß,

Dass ich Rumpelstilzchen heiß!«

In diesem Moment schlug die Uhr zwölf und der
Bursche lief schnell in den Stall. Die Königin nahm ihr

RUMPELSTILZCHEN

Kind in den Arm und im nächsten Moment stand auch schon das Männlein neben ihr und hielt ihr die Hand unter die Nase.

»Weißt du meinen Namen?«

»Heißt du vielleicht Hinz?«, fragte die Königin.

»Aber nein«, sagte das Männlein.

»Dann heißt du vielleicht Kunz?«

»Aber nein, so ein Unsinn. Nicht wahr, jetzt gibst du auf und das Kind gehört mir!«

Aber anstatt ihm das Kind zu geben, begann die Königin zu singen:

> »Ich sing' und schwing' im Tanz das Bein,
> Niemals wird dies Kind hier dein!
> Wie gut war es, die Boten zu senden,
> Der letzte konnte das Blatt noch wenden!
> Ach wie gut, dass ich jetzt weiß,
> Dass du Rumpelstilzchen heißt!«

RUMPELSTILZCHEN

Und sie lachte und drückte ihren Sohn fest an ihr Herz.
Da stampfte das Männlein so wütend auf den Boden,
dass es ganz darin versank und man es niemals wieder
sah. Und der Stallbursche bekam zum Dank ein Pferd
geschenkt, dessen Fell glänzte wie Gold, und alle freuten sich und waren glücklich bis an das Ende ihrer Tage.

RAPUNZEL

Vor langer, langer Zeit lebte einmal ein Mann mit seiner Frau in einer Hütte, von der aus man in den Garten einer Hexe schauen konnte. Oft saßen sie am Abend am offenen Fenster und genossen die Düfte und Farben all der herrlichen Blumen, und sie freuten sich, wie gut sie es doch hatten, dort wohnen zu können.

»Wenn wir nun noch ein Kind hätten«, sagten sie, »dann gäbe es nichts mehr, was uns fehlte.«

Eines Tages sah die Frau etwas im Garten der Hexe, was sie ganz benommen machte. Es war ein Beet mit Rapunzeln, die leuchteten ganz frisch und grün.

RAPUNZEL

»Bitte, bitte, ich muss von ihnen kosten. Hole mir einige von ihnen, mein lieber Mann, sonst muss ich sterben!«

Der Mann war ganz verwirrt. »Bist du verrückt geworden?«, sagte er. »Ich müsste über die Mauer in den Garten der Hexe steigen.«

Aber es schien, als sei seine Frau wirklich verrückt geworden, verrückt vor Verlangen nach den Rapunzeln.

»Bitte, bitte, hole mir von den Rapunzeln, sonst muss ich sterben.«

Und schließlich versprach der Mann es ihr. Am Abend kletterte er, flink wie eine Katze, über die Mauer, pflückte eine Hand voll Rapunzeln und war im nächsten Augenblick wieder zurück. Seine Frau bereitete einen Salat daraus und verschlang ihn gierig.

»War es gut?«, fragte ihr Mann sie lächelnd.

RAPUNZEL

»Ja«, sagte sie. »Aber nicht genug. Ich hätte gern noch ein wenig mehr. Ich muss noch mehr davon haben, bitte, bitte.«

Und so bettelte und bat sie ihren Mann drei volle Tage lang, bis er wusste, sie würden beide verrückt werden, wenn er ihr nicht noch mehr holte.

Am Abend also kletterte er, flink wie eine Maus, wieder über die Mauer und streckte gerade die Hand nach den Rapunzeln aus, als sich ein dunkler Schatten über ihn legte.

»Was tust du in meinem Garten?«

Der Mann erstarrte, als wäre er zu Stein geworden. Die Hexe starrte ihn an und ihre Augen waren grün und tief wie ein Sumpf.

»Ich wollte ein paar Rapunzeln für meine kranke Frau pflücken«, sagte er. Er fürchtete um sein Leben und er wusste, er konnte die Hexe nicht täuschen, denn er hielt die Rapunzeln ja in seiner Hand. Außerdem konnte die Hexe seine geheimsten Gedanken lesen.

»Deine Frau ist nicht krank«, lächelte die Hexe. »Sie verlangt nach den Rapunzeln, weil sie ein Kind erwartet.«

»Was?«, sagte der Mann, und sein Herz erfüllte sich mit Freude.

»Natürlich musst du ihr welche bringen. Nimm so viel du möchtest.«

»Danke, hab' Dank!« Der Mann fiel vor Dankbarkeit auf die Knie.

Aber das Lächeln der Hexe gefror zu Eis. »Und wenn eure Tochter geboren ist, bring sie mir. Ich werde ihre Mutter sein.«

Da vernahm der Mann die Stimme seiner Frau, die ihn bat, ihr schnell die Rapunzeln zu bringen. Zu Tode erschrocken, verwirrt und aufgeregt zugleich, versprach

RAPUNZEL

er der Hexe, alles zu tun, was sie verlangte. Dann nahm er so viele Rapunzeln, wie er tragen konnte, und stieg über die Mauer zurück auf seinen kleinen Hof.

Und genau wie die Hexe gesagt hatte wurde den beiden am ersten Frühlingstag eine Tochter geboren. Es gab nur einen Namen, den sie tragen konnte: Rapunzel. Sie hatte kaum Zeit, ihre Augen zu öffnen, als auch schon die Hexe vor der Tür stand.

»Was willst du?«, sagten der Mann und seine Frau mit angsterfüllten Herzen.

»Ich will mein Kind«, sagte die Hexe. »Ich habe dir gesagt, dass ich nun seine Mutter sein werde.«

Die beiden sahen Rapunzel nie wieder. Die Hexe liebte Rapunzel so sehr, dass sie sie ganz allein für sich haben wollte. Sie ließ sie niemals im Garten spielen, da sie nicht wollte, dass der Mann und die Frau sie sehen und wieder zurückfordern konnten.

RAPUNZEL

Als Rapunzel zwölf Jahre alt war, war sie so schön, dass die Hexe sie immerzu nur anschauen wollte. »Schau doch, dein Haar«, schwärmte sie. »Wie ein Fluss aus Gold fließt es deinen Rücken hinab. Noch nie habe ich so etwas Schönes gesehen!« Und sie kämmte Rapunzels Haar, bis es glänzte wie die Sonne.

Aber die Hexe war voller Sorge, dass irgendjemand Rapunzel sehen und ihr wegnehmen könnte. Sie wollte sie mit niemandem teilen. Also steckte sie sie in einen Turm und vermauerte die Tür hinter ihr, und jeden Abend kam sie und brachte ihr etwas zu essen. Natürlich gab es jetzt keinen Eingang mehr zum Turm und so rief die Hexe jedesmal:

> »Rapunzel, Rapunzel,
>
> Lass dein Haar herunter!«

Dann lehnte sich Rapunzel aus dem Fenster der obersten Kammer des Turmes, wand ihr Haar um zwei

RAPUNZEL

Haken und ließ es hinab; und es floss hinunter wie ein golden schimmernder Wasserfall, bis es am Boden angelangt war. Die Hexe schob ihren langen Rock über die Knie und stieg wie auf einer Leiter an Rapunzels Haar den Turm hinauf. Und wenn sie abends zu Bett ging, schwang sie sich wieder hinunter.

Dort oben in ihrem Turm konnte Rapunzel nichts anderes tun als allein für sich zu singen und zu träumen. Sie hatte eine wunderschöne Stimme, und eines Tages kam ein junger Prinz durch den Wald geritten, der hörte ihre Stimme und verliebte sich in sie. Er wollte unbedingt erfahren, wer da so lieblich sang. Er fand den Turm, doch da gab es keine Tür, die ihn einließ. Er ging um ihn herum und schaute verzweifelt an seinen hohen, glatten Mauern hinauf. Er war sicher, dass niemand darin sein konnte, und doch war da diese Stimme, so klar wie die der Feldlerche. Gerade dachte er, er müsse

RAPUNZEL

sich wohl geirrt haben und wollte davonreiten, da sah er, wie die Hexe durch den Wald auf den Turm zuschritt, und so versteckte er sich hinter einem Busch.

»Rapunzel, Rapunzel,
Lass dein Haar herunter!«,

hörte er sie rufen. Gleich darauf floss der Strom des goldenen Haares herab und die Hexe stieg den Turm hinauf. Nun war er sicher, dass dort im Turm jemand eingesperrt war, und er konnte es nicht erwarten, zu sehen, wer es war.

Sobald die Hexe wieder heruntergestiegen und im Wald verschwunden war, ging der Prinz zum Turm. Es war schon beinahe Nacht und der Prinz fürchtete, ein Zauber liege auf ihm, da er so sehr danach verlangte, zu sehen, wer dort im Turm eingemauert war.

»Rapunzel, Rapunzel,
Lass dein Haar herunter!«,

RAPUNZEL

rief er und es war, wie er gehofft hatte: Der Strom goldenen Haares floss hinunter. Er schwang sich daran hinauf – und stellt euch seine Überraschung vor, als er im Mondlicht einem jungen Mädchen gegenüberstand, das so schön war, dass er ihr gleich sein Herz schenkte. Und stellt euch ihre Überraschung vor, als statt der scheußlichen, grünäugigen Hexe plötzlich ein junger Mann vor ihr stand, der sie anlächelte.

Rapunzel hatte nie zuvor einen Mann gesehen. Sie hatte nie etwas von Liebe gehört. Aber sie war sehr glücklich. Der Prinz blieb bei ihr, bis die Dämmerung erwachte, und als er sie verließ, wusste sie, dass sie nicht mehr ohne ihn leben konnte.

Er kam in der nächsten Nacht und in der nächsten und in der übernächsten, und als er sie fragte, ob sie seine Gemahlin werden wolle, sagte sie ja, obwohl sie gar nicht wusste, was dies hieß.

RAPUNZEL

»Aber hier wollen wir nicht länger bleiben«, sagte er, »ich habe einen prächtigen Palast, hinter diesem Hügel dort. Darin sollten wir leben.«

Und so dachten sie sich einen herrlichen Plan für Rapunzels Flucht aus. Jedesmal, wenn der Prinz kam, brachte er ein wenig Seide mit, damit Rapunzel daraus eine Leiter spinnen konnte. So hatte sie eine Beschäftigung, während sie tagsüber sang, und jede Sprosse, die sie fertigstellte, brachte sie der Freiheit einen Schritt näher.

Und alles wäre so schön gewesen, wenn sie sich nicht eines Tages verplappert hätte, als die Hexe kam: »Ich spüre es immer, wenn du heraufsteigst, du bist so viel schwerer als...« Sie wurde ganz bleich und hielt sich die Hände vor den Mund, aber die Hexe schlug sie zur Seite, schnell wie eine Fliege.

»Schwerer als was? Schwerer als wer?«

RAPUNZEL

»Schwerer als der Prinz, der mich hier besucht«, entgegnete Rapunzel.

»Du böses Mädchen, du hast mich betrogen!«

Wütend und wild wie ein rasendes Unwetter riss die Hexe an Rapunzels wunderbarem Haar und schnitt es – schnipp,schnapp – ab. Sie scheuchte sie auf der Seidenleiter hinunter, die doch der Weg in die Freiheit hatte sein sollen, und jagte sie fort in die Wildnis. Der Hexe war es gleichgültig, was weiter aus ihr wurde.

In dieser Nacht kam der Prinz, um Rapunzel mit sich auf sein Schloss zu nehmen.

>   »Rapunzel, Rapunzel,

>   Lass dein Haar herunter!«,

und auch diesmal wurde die Seidenleiter herabgelassen. Er stieg hinauf, doch als er oben angelangt war, blickte er nicht in Rapunzels Augen, sondern in die der Hexe, die grün und tief wie ein Sumpf waren.

RAPUNZEL

»Haha, dein Vöglein ist ausgeflogen«, verhöhnte sie ihn. »Flieg ihm doch nach!« Und – schnipp, schnapp – schnitt sie die Leiter ab, und der Prinz stürzte tiefer und tiefer und immer tiefer und er hätte sich sicher den Hals gebrochen, wäre da nicht ein wilder Rosenbusch gewesen, der seinen Sturz auffing. Aber die Dornen stachen in seine Augen und blendeten ihn, und unter dem Hohngelächter der Hexe musste er bemerken, dass jetzt eine Finsternis um ihn war, die dunkler war als die Nacht.

Viele Tage und Wochen und Monate lang irrte der Prinz herum und aß Beeren und Nüsse, die er am Wegesrand fand, und als ein Jahr und ein Tag vergangen waren, gelangte er in eine Gegend des Waldes, in die auch Ra-

RAPUNZEL

punzel gekommen war. Sie erkannte ihn sofort, lief zu ihm und schlang ihre Arme um ihn. Mit ihren Tränen wusch sie seine Augen, da konnte er plötzlich wieder sehen.

Er nahm sie mit sich in seinen Palast, wo sie alles für die Hochzeit vorbereiteten, und der Prinz und Rapunzel lebten glücklich und zufrieden bis an das Ende ihrer Tage.

Und die Hexe? Nun, soweit ich gehört habe, sitzt sie immer noch gefangen in ihrem Turm.

SCHNEEWITTCHEN

An einem Wintertag vor langer, langer Zeit saß einmal eine Königin an ihrem Fenster und nähte. Draußen fielen die Schneeflocken sanft wie Schwanenfedern vom Himmel und hüllten die schwarzen Äste der Bäume in strahlendes Weiß. Da stach sich die Königin mit der Nadel in den Finger und drei Tropfen Blut fielen purpurrot in den Schnee. Die Königin dachte: »Wie gern hätte ich eine Tochter, so weiß wie Schnee, so schwarz wie Ebenholz und so rot wie Blut. Wie schön sie wäre! Und ich würde sie Schneewittchen nennen.«

SCHNEEWITTCHEN

Doch als ihre Tochter geboren wurde, starb die Königin. Als einige Zeit vergangen war, heiratete der König ein zweites Mal. Die neue Königin war sehr eitel. Sie hatte einen Spiegel, in den sie jeden Tag schaute, und der Spiegel zeigte ihr, wie schön sie war. Und eines Tages fragte sie ihn:

> »Spieglein, Spieglein in der Hand,
> wer ist die Schönste im ganzen Land?«

Und der Spiegel sagte:

> »Ihr, Königin, seid die Schönste hier,
> doch Schneewittchen ist noch
> viel schöner als Ihr.«

Die Königin warf wütend den Spiegel auf ihr Bett und rannte in Schneewittchens Zimmer. Das Kind war mittlerweile sieben Jahre alt, seine Haut war weiß wie Schnee und das Haar war schwarz wie Ebenholz und die Lippen waren rot wie Blut. Und

sie war wunderschön, so schön, dass die Königin es nicht ertragen konnte, sie anzusehen.

»Schafft sie fort!«, befahl die Königin dem Jäger des Königs. »Bringe sie in den Wald, töte sie und bringe mir ihr Herz, damit ich weiß, dass sie wirklich tot ist.«

Als sie aber tief im Wald waren, tat Schneewittchen dem Jäger leid und er wusste, dass er nicht tun konnte, was die Königin ihm befohlen hatte. Er schlich sich davon und ließ Schneewittchen allein bei den wilden Tieren des Waldes. Der Jäger aber tötete ein Wildschwein, dessen Herz er mitnahm und der Königin gab, und sie ließ es kochen und aß es.

Schneewittchen fürchtete sich sehr. Sie irrte lange durch den Wald, ohne Weg und Steg, und endlich fand sie eine kleine Hütte. Sie klopfte an, doch niemand antwortete. Die Tür war nicht verschlossen, und so trat sie hinein. In der Hütte fand sie einen Kamin, der nur darauf wartete, angezündet zu werden, und einen Tisch, der für sieben Personen gedeckt war, mit sieben Stühlen. Sie setzte sich auf jeden von ihnen, doch einer war zu hart, ein anderer zu weich, einer war zu uneben, ein anderer zu glatt, einer zu hoch, ein anderer zu niedrig; nur ein einziger war genau richtig. Auf jedem Platz stand eine Schüssel mit Essen, und sie kostete von jedem und fühlte sich gleich viel besser.

Sie stieg die Treppe hinauf und schaute in das Schlafzimmer, in dem fand sie sieben Betten, und sie legte sich in jedes, um es auszuprobieren; aber nur eines war genau richtig. Und als sie sich in dieses legte, fiel sie sogleich in einen tiefen, friedlichen Schlaf.

Als die Abenddämmerung hereinbrach, kamen die

SCHNEEWITTCHEN

Bewohner des Hauses, das waren die sieben Zwerge. Sie hatten den ganzen Tag lang in den Bergwerken hart gearbeitet und waren nun müde und hungrig.

»Was ist das?«, sagte einer von ihnen. »Jemand hat auf meinem Stuhl gesessen und von meinem Essen gegessen!«

»Von meinem auch!«

»Von meinem auch!«, riefen nun alle.

Sie aßen, was sie noch in ihren Schüsseln hatten, dann gingen sie die Treppe hinauf, um müde und erschöpft in die Betten zu fallen.

»Was ist das?«, sagte einer von ihnen. »Jemand hat in meinem Bett gelegen!«

»In meinem auch!«, riefen die anderen.

Und der siebte sagte: »In meinem Bett liegt sogar jemand! Schaut doch nur! Weckt sie nicht auf! Schaut doch, wie schön sie ist!«

SCHNEEWITTCHEN

Nun versammelten sich alle um das Bett und bestaunten Schneewittchen, dann gingen sie auf den Zehenspitzen davon und legten sich schlafen.

Als Schneewittchen am nächsten Morgen aufwachte, fand sie die sieben Zwerge beim Frühstück. Sie fürchtete sich vor ihnen, da sie von ihrem Essen genommen und in ihren Betten gelegen hatte.

»Vor uns musst du dich nicht fürchten, mein Kind. Aber sag' uns doch, warum du hier bist.«

Also erzählte sie die ganze Geschichte von der Königin, die dem Jäger befohlen hatte, sie in den Wald zu führen und sie dort zu töten. Die Zwerge grübelten und murmelten und sagten schließlich zu Schneewittchen,

sie dürfe niemals wieder ins Schloss zurück-
kehren. Sie solle bei ihnen bleiben und mit
ihnen wohnen, dafür könne sie das Haus sau-
ber halten und kochen und waschen und
nähen. Schneewittchen wollte es gern tun,
weil die Zwerge so nett zu ihr waren, und so
waren alle zufrieden.

Die Königin war ebenfalls sehr zufrieden,
dass sie ihre Stieftochter losgeworden war.
Doch eines Tages nahm sie wieder ihren
Spiegel und erfuhr die Wahrheit.

»Spieglein, Spieglein in der Hand,
wer ist die Schönste im ganzen Land?«
Und der Spiegel sagte:

»Ihr, Königin, seid die Schönste hier,
doch Schneewittchen ist noch
viel schöner als Ihr.«

SCHNEEWITTCHEN

»Was! Sie lebt noch?« Voller Zorn ließ sie den
Jäger enthaupten, dann zog sie seine Kleider
an und durchsuchte den Wald nach Schneewittchen.

Schließlich kam sie an die kleine Hütte. Sie
spähte durch das Fenster und sah das Mädchen. Da lachte die Königin in sich hinein
und klopfte an das Fenster.

»Schneewittchen! Ich komme, um zu sehen,
wie es dir geht«, sagte sie. »Lass mich herein.«

Schneewittchen hatte den sieben Zwergen
versprochen, niemanden in die Hütte zu lassen. Nun war es aber nur der Jäger, und so
ging sie zum Fenster und lächelte ihm zu.

»Ich habe dir ein Geschenk mitgebracht!«,
sagte die Königin und winkte mit einem spit-

SCHNEEWITTCHEN

zenbesetzten Halstuch. »Schau doch, es ist so weiß wie deine Haut. Lass es mich um deinen Hals legen.«

Schneewittchen öffnete die Tür und noch ehe sie erkennen konnte, dass es nicht der Jäger war, hatte die Königin das Tuch um ihren Hals geschlungen und zog es so fest zusammen, dass Schneewittchen nicht mehr atmen konnte. Sie fiel zu Boden und lag reglos und wie tot da.

»Jetzt ist es vorbei mit deiner Schönheit!«, sagte die Königin und machte sich davon.

Als die Abenddämmerung hereinbrach und die Zwerge nach Hause kamen, erschraken sie bei dem Anblick Schneewittchens, die immer noch reglos auf dem Boden lag.

»Was ist geschehen?«, riefen sie. »Sie ist tot!

SCHNEEWITTCHEN

Schneewittchen ist tot!« Doch als sie das Halstuch
lösten, begann sie zu atmen und setzte sich auf.

»Das hat die Königin getan!«, sagten sie ihr. »Niemals
wieder darfst du jemanden hereinlassen.«

»Ich verspreche es«, sagte Schneewittchen.

Die Königin fühlte sich am Ziel ihrer Träume. Am
nächsten Tag nahm sie den Spiegel und lächelte hinein.

>Spieglein, Spieglein in der Hand,

wer ist die Schönste im ganzen Land?«

Und der Spiegel erwiderte:

>Ihr, Königin, seid die Schönste hier,

doch Schneewittchen ist noch

viel schöner als Ihr.«

Die Königin geriet außer sich vor Zorn. Sie raste wie
ein Wirbelwind durch das Schloss und machte sich
wieder, verkleidet wie eine alte Krämerin, mit himmel-
blauen Bändern, seidenen Schleifen und einem schönen

SCHNEEWITTCHEN

perlenbesetzten Kamm, den sie in Gift getaucht hatte, auf den Weg in den Wald. Als sie die Hütte erreicht hatte, klopfte sie ans Fenster und sang: »Schleifen zu verkaufen!«

»Nein, danke«, rief Schneewittchen.

»Hübsche Bänder für dein Kleid.«

»Nein.«

»Ein Kamm für dein herrliches schwarzes Haar. Komm her, mein Kind, und schau ihn dir an.«

Nun, ein Blick wird wohl nicht verboten sein, dachte Schneewittchen, und als sie sah, dass es nur eine alte Krämerin war, die vor dem Fenster stand, öffnete sie es. Die Königin bot ihr den Kamm an und lächelte.

»Bitte sehr, mein Kind.«

Schneewittchen fuhr sich damit durch das Haar und sank sofort zu Boden. Und da lag sie nun, starr und bleich, als wäre sie tot.

SCHNEEWITTCHEN

»Leb wohl, kleine Schönheit!«, sagte die Königin und machte sich davon.

Als am Abend die Zwerge kamen, fanden sie Schneewittchen auf dem Boden ausgestreckt liegend.

»Was ist geschehen? Sie ist tot!« Doch da sahen sie den Kamm in ihrem Haar, und sobald sie ihn herausgezogen hatten, öffnete Schneewittchen die Augen und setzte sich auf.

»Das war wieder die Königin!«, sagten sie ihr.

»Nie, nie mehr darfst du irgend jemandem die Tür oder das Fenster öffnen.«

Und sie versprach es ihnen.

Im Schloss lachte die Königin vor Freude. »Jetzt bin ich die schönste Frau der ganzen Welt!«

SCHNEEWITTCHEN

Am nächsten Morgen nahm sie gut gelaunt
den Spiegel und sang:

> »Spieglein, Spieglein in der Hand,
> wer ist die Schönste im ganzen Land?«

Und der Spiegel erwiderte:

> »Ihr, Königin, seid die Schönste hier,
> doch Schneewittchen ist noch
> viel schöner als Ihr.«

»Was?« Die Königin warf den Spiegel wütend
auf das Bett, dann zog sie die Kleider einer
Bäuerin an und nahm einen Apfel, dessen eine
Seite grün, die andere rot war. Sie vergiftete
die rote Seite und machte sich wieder auf den
Weg zum Haus der Zwerge.

»Lass mich hinein«, säuselte sie und klopfte
ans Fenster.

»Nein, ich kann dich nicht hineinlassen«, sagte

SCHNEEWITTCHEN

Schneewittchen. Dann aber sah sie, dass es nur eine alte Bäuerin war, die vor dem Fenster stand, und öffnete es einen Spalt weit.

»Möchtest du von meinem Apfel abbeißen?«, sagte die Königin lächelnd.

»Nein, danke.«

Die Königin biss ein Stück von der grünen Seite ab und hielt ihn Schneewittchen hin. »Er ist extra für dich gepflückt. Schau, so rot wie deine Lippen ist er«, sagte sie. »Koste nur.«

Schneewittchen nahm einen Bissen, weil er so süß und saftig aussah. Kaum hatte sie ihn hinunter geschluckt, da fiel sie tot zu Boden.

Als die Zwerge am Abend nach Haus kamen, lag sie starr und kalt auf dem Boden. Sie knieten sich um sie herum und wollten hören, ob sie noch atmete. Da schauten sie sich alle traurig an und sagten:

SCHNEEWITTCHEN

»Sie ist tot. Schneewittchen ist wirklich tot.«

Sie konnten den Gedanken nicht ertragen, Schneewittchen niemals wiederzusehen. Also zimmerten sie ihr einen Sarg aus Glas, legten sie sanft hinein und trugen ihn auf einen Hügel hinter dem Haus. Jeden Tag kam einer von den Zwergen zu ihr und brachte frische Blumen. Ein Rabe kam zu ihr, der war so schwarz wie ihr Haar. Ein Rotkehlchen kam zu ihr, so rot wie ihre Lippen. Eine Taube kam zu ihr, so weiß wie ihre Haut.

Sieben Jahre später kam ein Prinz. Er stieg den Hügel hinauf, denn er woll-

te sehen, was sich in dem goldenen Sarg be-
fand, und als er Schneewittchen darin liegen
sah, verliebte er sich in sie. Er bat die Zwerge,
ihm den Sarg zu schenken, damit er ihn in sein
Schloss mitnehmen und Schneewittchen jeden
Tag ansehen könne. Aber die Zwerge sagten
nein.

»Wir wären verloren ohne sie«, sagten sie.
»Sie würde uns zu sehr fehlen.«

Aber die Liebe des Prinzen berührte sie. Jeden
Tag kam er zu ihnen und bat sie inständig, ihm
den Sarg mitzugeben.

Nach langem Grübeln sagte schließlich einer
von ihnen:

»Immerhin ist sie die Tochter des Königs.
Sollten wir nicht dem Prinzen erlauben, sie auf
sein Schloss mitzunehmen?«

SCHNEEWITTCHEN

Die anderen stimmten schließlich zu und der Prinz war sprachlos vor Glück. Als er den Sarg aufhob, rutschte das Apfelstückchen, das Schneewittchen abgebissen hatte, aus der Kehle und sie öffnete ihre Augen. Verwundert schaute sie den Prinz an. Da hob er den Deckel vom Sarg, nahm ihre Hand und sie trat heraus, nicht mehr als Kind, sondern als wunderschönes Mädchen.

Er fragte sie, ob sie ihn heiraten wolle und sie willigte ein.

Es war die größte Hochzeit, die jemals im Lande gefeiert wurde. Sogar die böse Königin wurde eingeladen. Am Morgen der Hochzeit schaute sie wieder in ihren Spiegel, der ihr nun sieben Jahre lang gesagt hatte, sie sei die Schönste im ganzen Land. Wie sehr liebte sie

SCHNEEWITTCHEN

es, dies zu hören, und wie sehr liebte sie ihren Spiegel.
Und so fragte sie heute wieder:

>Spieglein, Spieglein in der Hand,
wer ist die Schönste im ganzen Land?«

Da aber sagte der Spiegel:

>Ihr, Königin, seid die Schönste hier,
doch die Braut des Prinzen ist schöner als Ihr.«

»Was!« Die Königin schmetterte den Spiegel auf den
Boden, so dass er in tausend Stücke zerbrach. So
schnell sie konnte, rannte sie ungläubig und voller
Wut zum Palast des Prinzen. Aber es war die Wahr-
heit. Da stand die Braut des Prinzen, und es war
Schneewittchen.

»Gerade rechtzeitig zum Tanzen!«, sagten die Zwerge
zur Königin und gaben ihr ein Paar Tanzschuhe.
»Tanze für die Braut des Prinzen!«

Die Schuhe aber waren mit rotglühenden Kohlen

SCHNEEWITTCHEN

gefüllt, und die böse Königin tanzte und tanzte und tanzte, bis sie tot war.

Und wenn du mich nach dem Prinzen und Schnee-wittchen fragst – die lebten glücklich bis ans Ende ihrer Tage.

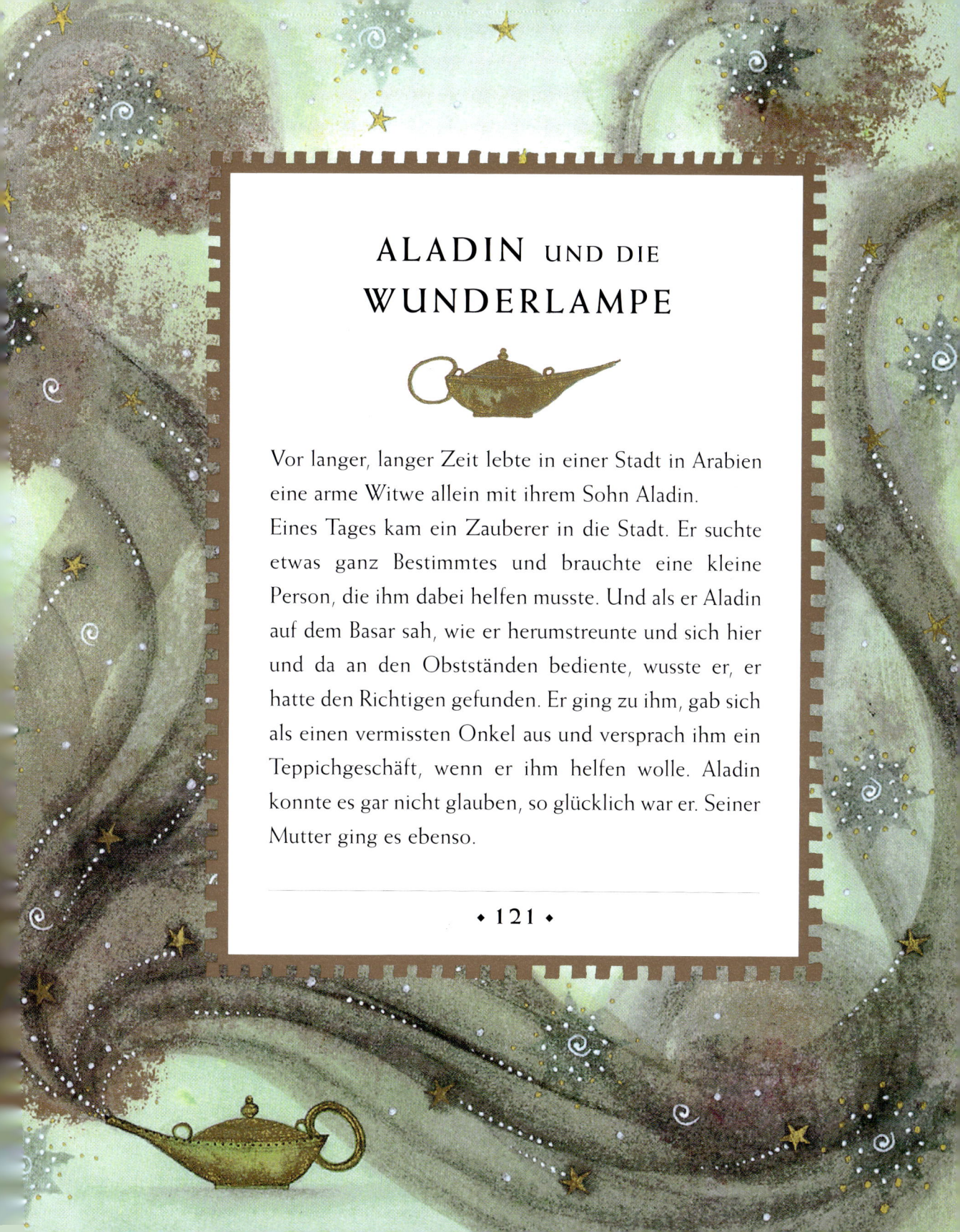

ALADIN und die
WUNDERLAMPE

Vor langer, langer Zeit lebte in einer Stadt in Arabien
eine arme Witwe allein mit ihrem Sohn Aladin.

Eines Tages kam ein Zauberer in die Stadt. Er suchte
etwas ganz Bestimmtes und brauchte eine kleine
Person, die ihm dabei helfen musste. Und als er Aladin
auf dem Basar sah, wie er herumstreunte und sich hier
und da an den Obstständen bediente, wusste er, er
hatte den Richtigen gefunden. Er ging zu ihm, gab sich
als einen vermissten Onkel aus und versprach ihm ein
Teppichgeschäft, wenn er ihm helfen wolle. Aladin
konnte es gar nicht glauben, so glücklich war er. Seiner
Mutter ging es ebenso.

ALADIN UND DIE WUNDERLAMPE

»Du hast überhaupt keinen Onkel«, sagte sie ihm. »Aber dieser Mann macht den Eindruck, als hätte er mehr Geld als Verstand. Bring ihn her.«

Am nächsten Tag ging der Zauberer mit Aladin spazieren und sie kamen in den Chrysanthemengarten. »Endlich!«, sagte der Zauberer. »Ich bin den ganzen Weg von Marokko hierher gekommen, nur um diesen Garten zu finden. Jetzt kannst du mir helfen.«

Er bat Aladin, Zweige zu sammeln und ein Feuer zu machen, dann warf er ein Stück Räucherholz ins Feuer. Der Himmel verfinsterte sich und der Boden bedeckte sich mit süßem Rauch. Und als sich der Rauch verzogen hatte, zeigte sich auf dem Boden vor ihnen eine marmorne Platte mit einem goldenen Ring direkt vor ihren Füßen.

»Hebe die Platte auf«, sagte der Zauberer, »nur du kannst es.«

ALADIN UND DIE WUNDERLAMPE

Die Platte sah sehr schwer aus und Aladins Muskeln waren so groß wie Erbsen, doch er tat, was ihm gesagt wurde, murmelte seinen und den Namen seiner Mutter vor sich hin und hob die Platte empor, als sei sie aus Papier.

»Nun«, sagte der Zauberer und klatschte in die Hände, »musst du hinuntersteigen. Du musst durch vier Höhlen gehen, die über und über mit Schätzen ange-füllt sind. In jeder Höhle gibt es eine Schatztruhe, wenn du aber auch nur irgendetwas von all dem berührst, wirst du in eine Steinsäule verwandelt. Durch die vierte Höhle kommst du in einen Obstgarten, in dem eine Treppe steht. Wenn du sie hinaufsteigst, wirst du dort eine Lampe hängen sehen. Und die bringst du mir. Nimm von den Früchten so viele du magst, sonst aber berühre nichts.«

Der Zauberer nahm seinen Ring vom Finger und gab

ALADIN UND DIE WUNDERLAMPE

ihn Aladin. »Damit bist du ganz sicher. Du bist jetzt ein richtiger Mann.«

Ehrfürchtig, aufgeregt und stolz tat Aladin, wie ihm geheißen. Er stieg hinab und kam in die erste Höhle, deren Wände über und über mit grünen Smaragden besetzt waren, die der zweiten mit roten Rubinen, die der dritten mit blauen Amethysten, die der letzten mit funkelnden Diamanten, die strahlten, als seien die Sterne vom Himmel gefallen.

In jeder Höhle standen Truhen, die bis zum Rand mit Goldmünzen gefüllt waren, doch Aladin ließ sie schnell hinter sich und kam in den Garten, in dem tatsächlich die Bäume über und über mit glänzenden Früchten beladen waren. Er eilte weiter, lief die Treppe hinauf und fand die Lampe. Sie war nichts Besonderes, im Gegenteil, verbeult und rostig war sie, doch Aladin steckte sie unter sein Hemd.

ALADIN UND DIE WUNDERLAMPE

Als er wieder zu den Früchten kam, erinnerte er sich, dass er davon nehmen dürfe, doch sobald er die Äpfel und Zitronen, Ananas und Kirschen berührte, verwandelten sie sich in Glas. Sie leuchteten in so schönen und bunten Farben, dass er sie seiner Mutter zeigen wollte, und darum stopfte er sie in seine Taschen, unter das Hemd und in die Ärmel. Er konnte sich kaum mehr bewegen, und als er zum Einstieg der Höhle kam, war es unmöglich, hinaufzusteigen.

»Onkel«, rief er hinauf, »reich mir deine Hand!«

»Gib mir zuerst die Lampe!«, zischte der Zauberer.

»Ich kann nicht! Ich stecke fest! Hilf mir erst hinaus!«
Da meinte der Zauberer, Aladin wolle ihm die Lampe stehlen.

»Einmal ein Dieb, immer ein Dieb!«, knurrte er. Voller Zorn schlug er die Platte über das Loch und sperrte Aladin dort unten ein.

ALADIN UND DIE WUNDERLAMPE

Aladin wusste nicht, was er tun sollte, und als er verzweifelt die Hände rang, rieb er dabei zufällig an dem Ring, den ihm der Zauberer gegeben hatte. Da gab es mit einem Mal eine riesige Rauchwolke und es erschien ein kleiner Kobold vor ihm, der mit gekreuzten Beinen einen halben Meter über dem Boden schwebte. Er hatte die Arme über der Brust verschränkt und lächelte ihn mit Katzenaugen an: »Ich bin der Geist des Ringes. Was befiehlst du, Meister?«

»Bring mich hier heraus!« Und er hatte kaum zu Ende gesprochen, da stand er auch schon auf dem Basar und erzählte seiner Mutter von den wundersamen Dingen, die er gesehen hatte. Sie glaubte ihm kein Wort davon.

»So viel Aufregung wegen einer rostigen alten Lampe«, sagte sie. »Das Beste wird sein, ich poliere sie ein wenig und versuche sie zu verkaufen, auch wenn ich nicht viel dafür bekommen werde.«

ALADIN UND DIE WUNDERLAMPE

Sie rieb sie mit einem alten Lappen, und zisch! ein weiterer Geist, der wie Rauch aus der Öffnung der Lampe drang, erschien vor vor ihnen und wuchs und wuchs, bis er so groß war wie ein Tempel. Aladins Mutter warf sich vor Furcht auf die Knie, doch Aladin wusste inzwischen, wie man mit Geistern umging.

»Was befiehlst Du, o Meister?«, fragte der Geist mit einer Stimme wie ein bebender Vulkan.

»Geist der Lampe«, sagte Aladin, als wäre er der Sultan persönlich, »bring uns etwas zu essen.«

Puff! Der Geist war verschwunden, doch nur einen oder zwei Augenblicke später war er zurück und servierte ihnen auf einem silbernen Tablett so viele Teller mit Speisen, dass Aladin und seine Mutter einen Monat lang davon aßen. Danach verkaufte Aladin die silbernen Teller und das Tablett, und ihm und seiner Mutter ging es besser als je zuvor.

ALADIN UND DIE WUNDERLAMPE

Dann jedoch geschah etwas noch Wunderbareres. Aladin verliebte sich, was seine Mutter daran erkannte, dass er gar nicht mehr essen oder schlafen wollte und nur noch seufzend und singend über den Basar schlenderte. »Wer ist sie, Aladin. Sag mir, welches Mädchen dein Herz gestohlen hat.«

»Die Tochter des Sultans«, sagte er strahlend. »Die schöne Prinzessin Badr-al-Budur! Ich meinte immer, alle Frauen sähen so aus wie du, Mutter. Doch nun, da ich sie gesehen habe, weiß ich, was wahre Schönheit ist.«

»Aha«, lächelte die Mutter. »Das hast du aber schön gesagt.«

»Ich möchte sie heiraten, Mutter.«

»Heiraten! Die Tochter des Sultans? Bist du verrückt geworden? Er wird deinen Kopf als Kanonenkugel verwenden, wenn du ihn bittest, dir seine Tochter zu geben.«

ALADIN UND DIE WUNDERLAMPE

»Deswegen bitte ich ja dich, ihn für mich zu fragen«, sagte Aladin. »Aber was kann ich dir nur als Geschenk mitgeben?«

Da erinnerte er sich der gläsernen Früchte, die er aus dem Garten mitgenommen hatte. Und als er sie hervorholte, erkannten sie erst, dass sie gar nicht aus Glas waren, sondern aus Rubinen, Diamanten, Topas, Smaragden und Amethysten, die schimmerten wie Fische in einem Fluss.

»Bring dies dem Sultan«, bat Aladin seine Mutter, und frage ihn, ob ich seine Tochter Badr-al-Budur heiraten darf.«

Und so tat es die Mutter. Eine Woche lang ging sie jeden Tag zum goldenen Palast des Sultans und stellte sich in eine Schlange von Leuten, die alle Geschenke abgeben wollten, und schließlich ließ der Sultan sie zu sich. Er war von ihrem Reichtum so beeindruckt, dass er

ALADIN UND DIE WUNDERLAMPE

der Hochzeit zustimmte. Sie solle in drei Monaten stattfinden.

Aladins Mutter eilte nach Hause und tanzte mit ihrem Sohn bis in den Abend hinein über den Basar.

Aber der Sultan hielt sein Versprechen nicht. Einen Monat später wurde seine Tochter Badr-al-Budur mit dem Sohn des Großwesirs verheiratet. Aladin war ganz verzweifelt. Er holte seine Wunderlampe hervor, rieb daran, und zisch! türmte sich der Geist in einer grünen Rauchwolke vor ihm auf.

»Was befiehlst du, oh Meister?«, raunte er und verbeugte sich.

»Bring mir die Prinzessin und ihren unsinnigen Gemahl.«

Die Prinzessin und der Sohn des Großwesirs hatten sich eben in ihr Bett gelegt, da sauste dieses auch schon zum Fenster hinaus, über die ganze Stadt und landete

ALADIN UND DIE WUNDERLAMPE

in Aladins Haus. Er warf des Großwesirs Sohn auf einen Haufen Unrat.

Dies geschah nun an jedem Abend, bis letztlich die Prinzessin und der Sohn des Großwesirs so wütend waren, dass sie die Ehe für ungültig erklärten.

Und am nächsten Tag klopfte Aladins Mutter an die Tür des Palastes und verlangte, den Sultan zu sehen.

»Du hast deine Tochter meinem Sohn versprochen«, erinnerte sie ihn.

»Du hast recht«, sagte der Sultan, »und wie ich sehe, ist sie ja nun nicht mehr verheiratet. Sage deinem Sohn, wenn er mir vierzigmal so viele Juwelen bringt wie beim letzten Mal, und vierzig Sklaven dazu, die sie tragen, dann bekommt er meine Tochter zur Frau.«

Aladins Mutter ging ratlos nach Hause. »Ich wünschte, du hättest die Prinzessin niemals gesehen«, sagte sie. »Woher willst du all die Schätze nehmen, Aladin?«

ALADIN UND DIE WUNDERLAMPE

Er nahm seine Wunderlampe hervor, rieb sie, und zisch! erschien der Geist und verbeugte sich.

»Was befiehlst du, oh Meister?«

Und bevor die Mutter noch das Haus aufräumen konnte, war es voll mit Sklaven, die unter dem Gewicht der mit Juwelen beladenen Tabletts wankten. Sie führte sie sogleich zum Palast und dieses Mal empfing sie der Sultan mit offenen Armen. Da lief sie zurück zu Aladin, und sie tanzten rund um den Basar und bis zum Palast und brachten noch mehr Sklaven und Juwelen, die der hilfreiche Geist herbeigeschafft hatte. Der Sultan selbst kam heraus, um sie zu empfangen, und nahm Aladin in seine Arme.

»Was für ein spendabler Schwiegersohn du bist! Natürlich kannst du meine Tochter heiraten, warum hast du mich denn nicht früher gefragt?«

Doch Aladin hatte noch einen Wunsch. »Ich kann

ALADIN UND DIE WUNDERLAMPE

deine Tochter nicht heiraten, ehe ich ihr einen prachtvollen Palast gebaut habe«, sagte er. »Darf ich ihn hier,
direkt vor deinem bauen?«

»Natürlich, aber dauert das nicht ein wenig lang?«

»Das überlass ruhig mir«, sagte Aladin. Als er nach
Hause kam, rieb er an seiner Wunderlampe und rief
den Geist herbei, und während der Nacht entstand der
herrlichste Palast, so golden wie die Sonne selbst, und
unzählige Juwelen ließen ihn in sämtlichen Farben des
Regenbogens glänzen. Dahinter sah der Palast des
Sultans beinahe klein aus.

»Wundervoll«, strahlte der Sultan, als er den Bau von
seinem Fenster aus betrachtete. »Wie er das nur fertig-
gebracht hat!«

»Durch Zauberei«, sagte sein Großwesir. »Glaube mir,
so etwas kann man nur durch Zauberei schaffen!«

Also heirateten Aladin und die Prinzessin Badr-al-

ALADIN UND DIE WUNDERLAMPE

Budur schließlich und wohnten mit der Mutter in dem herrlichen Palast und waren sehr glücklich.

Doch dies ist noch nicht das Ende der Geschichte.

Im fernen Marokko hörte der Zauberer von dem herrlichen Palast, der wie von Zauberhand gebaut worden war, und er fuhr nach Arabien, um ihn sich anzusehen. Als er erfuhr, dass Aladin darin lebte, ahnte er, was geschehen war. Er verkleidete sich, ging durch die Straßen und bot neue Lampen, die er herbeigezaubert hatte, im Tausch gegen alte an. Die Leute hielten ihn für verrückt, doch die Prinzessin ließ ihn von ihrer Magd ins Haus holen.

»Gib ihm Aladins rostige alte Lampe«, sagte sie. »Ich werde ihn mit einer neuen überraschen.«

Aber dafür blieb keine Zeit mehr, denn sobald die Magd die Lampe geholt hatte, riss der Zauberer sie ihr aus der Hand und rieb daran.

ALADIN UND DIE WUNDERLAMPE

Zisch! erschien der Geist. »Was befiehlst du, oh Meister?«

»Bring mich mit diesem Palast und der Prinzessin auf der Stelle nach Marokko!«

Gesagt, getan! Der Palast mit der Prinzessin darin verschwand, als wäre er nie da gewesen. Der Sultan war außer sich vor Zorn und ließ Aladin und seine Mutter in ein Verlies werfen.

»Das hast du nun davon!«, jammerte Aladins Mutter, und der Sultan wurde immer wilder: »Wenn du mir meine Tochter nicht wiederbringst, werfe ich deinen Kopf auf den Kompost – und den deiner Mutter auch. Also wurde Aladin für vierzig Tage freigelassen, doch er wusste nicht, was er tun und wo er suchen sollte. Er ging zum Fluss, um sich zu waschen und klar denken zu können, und als er sich die Hände wusch, rieb er dabei an seinem Ring.

ALADIN UND DIE WUNDERLAMPE

Puff! gab es eine Rauchwolke und der vergessene, kleine, fette Geist des Ringes erschien.

»Was befiehlst du, oh Meister?«

Aladin kamen die Tränen vor Freude. »Bring mich zu meiner Frau, mehr verlange ich nicht!«

Der Geist fuhr sich durch den Bart und sagte: »Ich kann dich zwar dort hinbringen, aber zurückbringen kann ich dich nicht. Dafür reichen meine Zauberkräfte nicht aus.«

Aladin fühlte sich emporgehoben und schwebte über die Tempel und Berge Chinas, über die blauen Ozeane, über die goldenen Wüsten Afrikas und schließlich landete er in den Armen seiner Prinzessin.

»Gib mir meine Lampe«, sagte er, »und wir können zurück nach Hause!«

»Deine Lampe? Aber die habe ich der Magd

ALADIN UND DIE WUNDERLAMPE

gegeben, und sie gab sie dem alten Mann, der mich hierher gebracht hat.«

Der wusste Aladin, wer dieser alte Mann war. Der Zauberer lag in Aladins Bett und schlief tief und fest. Aladin schlich sich zu ihm und fingerte die Lampe aus dem Hemd des Zauberers. Er rieb daran, und zisch! türmte sich der Geist über ihm auf und verbeugte sich.

»Bring uns nach Hause, wunderbarer Geist!«, bat Aladin ihn.

Und da stand der Palast auch schon wieder an seinem Platz. Aladin gab dem Sultan anstelle seines eigenen Kopfes, den des Zauberers, der Sultan umarmte seine Tochter und seinen Schwiegersohn, Aladins Mutter wurde aus dem Verließ befreit, und alle lebten in größter Zufriedenheit bis ans Ende ihrer Tage.

ROTKÄPPCHEN

Vor langer, langer Zeit lebte einmal ein Mädchen in der Nähe eines dunklen Waldes. Jeder nannte sie Rotkäppchen, den sie trug immer einen roten Samtumhang und eine rote Kappe, die ihr die Großmutter genäht hatte.

Eines Tages am frühen Morgen sagte die Mutter: »Rotkäppchen, nimm den Korb und bring diese Flasche Wein, Eier, Butter und einen Kuchen zur Großmutter.

ROTKÄPPCHEN

Sie ist krank und schwach und wird sich daran laben.
Lauf los, ehe es zu heiß wird. Bleib auf dem Weg und
komm bald zurück.«

Die Großmutter lebte in einer Hütte auf der anderen
Seite des Waldes, und Rotkäppchen kannte den Weg
ganz genau. Sie hätte in kürzester Zeit dort und wieder
zurück sein können, wenn sie nicht auf dem Weg ste-
hengeblieben wäre und mit dem Wolf gesprochen
hätte.

Doch genau das tat sie.

Der Wolf hatte gerade großen Appetit auf Hasen, als
er aber das rote Käppchen in der Ferne leuchten sah,
erhob er seine Schnauze und witterte plötzlich etwas
viel Köstlicheres als einen Hasen: einen Korb voll mit
Eiern, Butter und Kuchen. Er leckte sich das Maul,
stellte sich mitten auf den Weg und erwartete Rotkäppchen.

ROTKÄPPCHEN

»Mmh, wohin gehst du denn mit all den feinen Sachen, meine Kleine?«, fragte er mit überaus süßer Stimme.

»Ich besuche meine Großmutter«, sagte Rotkäppchen. Sie wusste, dass sie nicht mit dem Wolf reden durfte, aber er war wirklich sehr höflich und außerdem hatte er sie ja angesprochen.

»Sie ist krank«, fügte sie hinzu, um freundlich zu sein.

»Das tut mir aber leid«, sagte der Wolf und schnüffelte an dem Kuchen. »Vielleicht sollte ich ihr das ja selber sagen. Wo wohnt sie denn?«

»Auf der anderen Seite des Waldes. Bei den Nussbäumen.«

»Soll ich nicht lieber den schweren Korb für dich tragen?«, bot der Wolf an und dachte, er könne damit fortlaufen und den Kuchen in Windeseile verschlingen. Das Wasser lief im schon im Maul zusammen, da

ROTKÄPPCHEN

hörte er den Pfiff eines Jägers und beschloss, sich lieber zu verstecken. Außerdem war es inzwischen nicht mehr nur der Kuchen, auf den er es abgesehen hatte.

»Warum pflückst du nicht ein paar Glockenblumen und bringst sie deiner Großmutter? Geh ein wenig in den Wald hinein und du wirst sie finden. Das wäre doch ein schönes Geschenk!«

»Danke, Herr Wolf. Das ist eine gute Idee.«

Rotkäppchen verließ den Weg und ging tiefer und tiefer in den Wald hinein, bis es so dunkel war, dass nicht einmal mehr die Vögel sangen.

So schnell er konnte lief nun der Wolf, der sich über seinen bösen Plan freute, zum Haus der Großmutter und klopfte tap-tap-tap-tap an ihre Tür.

»Wer ist da?«, rief die alte Dame von innen.

»Rotkäppchen!«, antwortete der Wolf, so süß und lieb er konnte.

ROTKÄPPCHEN

»Das ist schön. Ich liege im Bett und kann nicht zur Tür kommen. Komm' nur herein.«

Da trat der Wolf mit seiner roten Zunge, seinen scharfen gelben Zähnen und mit seinen funkelnden Augen ein und fraß sie mit einem einzigen Bissen auf.

Aber eine kleine dünne Großmutter kann einen hungrigen Wolf nicht lange sättigen, und schon dachte er an einen weiteren Leckerbissen. So stieg er ins Bett der Großmutter, setzte sich ihre Nachthaube auf, zog die Vorhänge des Fensters zu und wartete auf Rotkäppchen.

Nach einer Weile kam sie mit ihrem Korb und einem Strauß Glockenblumen und klopfte tap-tap-tap-tap an die Tür.

»Wer ist da?«, kam von innen eine Stimme.

»Ich bin es, Großmutter, Rotkäppchen.«

»Das ist schön. Ich liege im Bett und kann nicht zur Tür

ROTKÄPPCHEN

kommen. Komm' nur her-
ein«, sagte der Wolf, so
sanft und schwach er
konnte.

Als sie hereintrat, war es
ganz finster und still im
Haus. Sie stellte ihren
Korb neben die Tür und
flüsterte:

»Wo bist du, Groß-
mutter?«

Es kam keine Antwort,
doch als Rotkäppchen
ein Schnarchen aus dem
Schlafzimmer hörte, trat
sie vorsichtig an das Bett
und sagte:

ROTKÄPPCHEN

»Wie laut du schnarchst, Großmutter.«

»Damit ich besser von dir träumen kann, meine Liebe. Öffne doch bitte die Vorhänge.«

Langsam ließ Rotkäppchen Licht herein und sah den Kopf der Großmutter mit der Nachthaube auf dem Kissen liegen.

»Aber Großmutter, was hast du nur für große Ohren?«

»Damit ich dich besser hören kann, meine Liebe. Komm ein wenig näher zu mir.«

»Aber Großmutter, was hast du nur für große Augen?«

»Damit ich dich besser sehen kann, meine Liebe. Komm doch noch ein wenig näher.«

»Aber Großmutter, was hast du nur für große Hände?«

»Damit ich dich besser umarmen kann. Noch näher.«

»Aber Großmutter, was hast du nur für große Zähne!«

»Damit ich dich besser fressen kann!«

Damit packte der Wolf Rotkäppchen und verschlang

ROTKÄPPCHEN

sie mit einem Bissen. Jetzt hatte er sich so satt gefressen, dass er auf der Stelle im Bett einschlief.

Als der Jäger zufällig beim Haus der Großmutter vorbeikam, wunderte er sich, dass die Tür offen stand, und er hörte ein schrecklich lautes Schnarchen aus dem Haus. Er ging zur Tür und sah Rotkäppchens Korb neben der Türschwelle stehen, voll mit Glockenblumen, Kuchen und einer Flasche Wein. Als er noch näher trat, sah er, wie der Wolf auf dem Bett der Großmutter lag und schlief.

»Ha, du alter Räuber! Habe ich dich endlich!«

Als er ihn gerade erschießen wollte, sah er, dass der Wolf die Nachthaube der Großmutter trug. »Du hast sie wohl verschlungen, was? Das werde ich mir ansehen.«

Er nahm eine Schere und schnitt schnipp-schnapp dem Wolf den Bauch auf. Da sah er etwas Samtrotes und

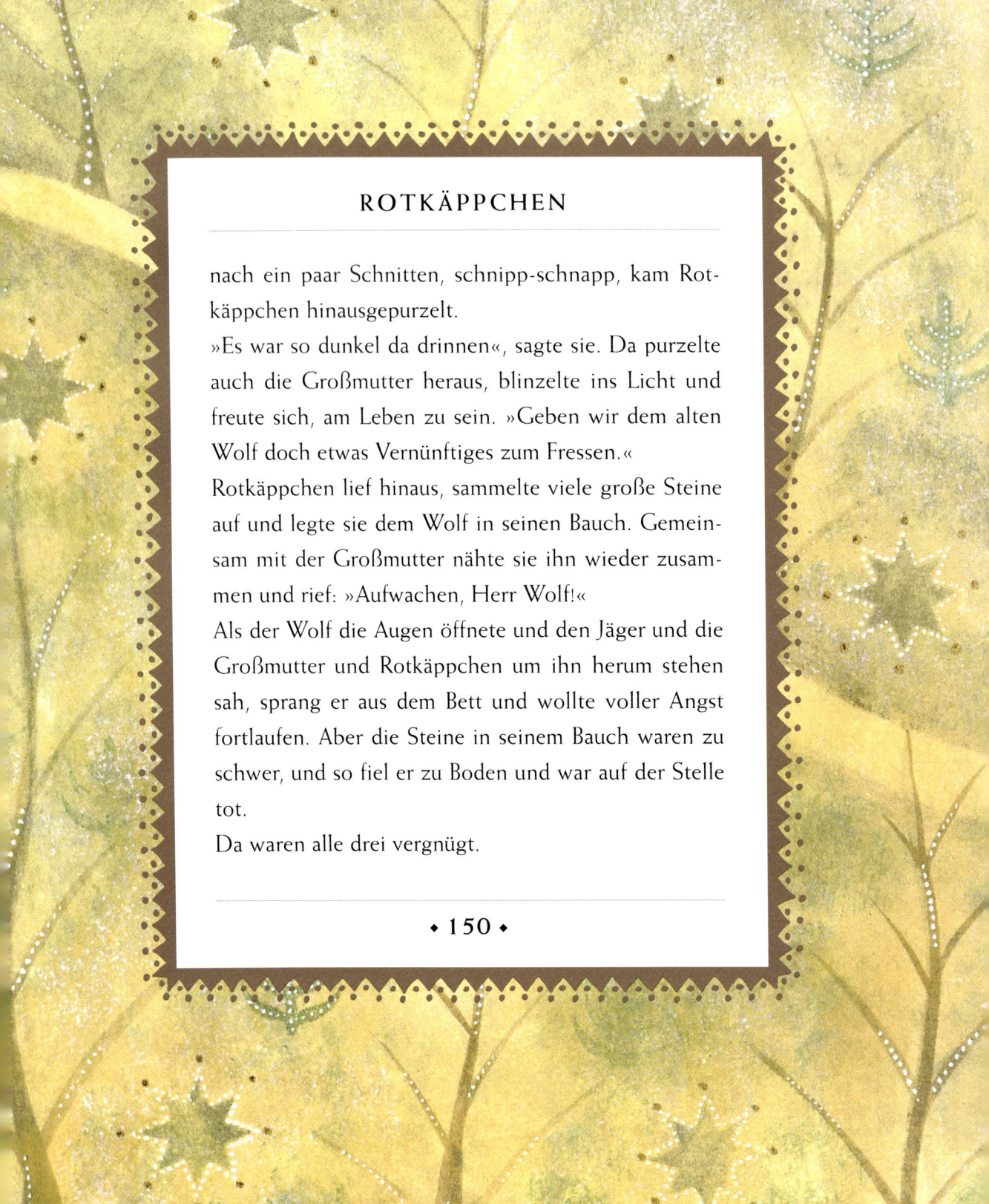

ROTKÄPPCHEN

nach ein paar Schnitten, schnipp-schnapp, kam Rotkäppchen hinausgepurzelt.

»Es war so dunkel da drinnen«, sagte sie. Da purzelte auch die Großmutter heraus, blinzelte ins Licht und freute sich, am Leben zu sein. »Geben wir dem alten Wolf doch etwas Vernünftiges zum Fressen.«

Rotkäppchen lief hinaus, sammelte viele große Steine auf und legte sie dem Wolf in seinen Bauch. Gemeinsam mit der Großmutter nähte sie ihn wieder zusammen und rief: »Aufwachen, Herr Wolf!«

Als der Wolf die Augen öffnete und den Jäger und die Großmutter und Rotkäppchen um ihn herum stehen sah, sprang er aus dem Bett und wollte voller Angst fortlaufen. Aber die Steine in seinem Bauch waren zu schwer, und so fiel er zu Boden und war auf der Stelle tot.

Da waren alle drei vergnügt.

ROTKÄPPCHEN

Der Jäger zog dem Wolf den Pelz ab, die Großmutter
aß den Kuchen und trank Wein, und Rotkäppchen
nahm sich vor, nicht mehr den Weg zu verlassen und
in den Wald zu laufen.

DER FEUERVOGEL

Vor langer, langer Zeit lebte in Russland ein Zar, der hieß Bendei. Er hatte drei Söhne und der jüngste von ihnen hieß Iwan. Im Garten des Zaren gab es einen Baum, der goldene Äpfel trug. Der Zar liebte ihn mehr als alle seine anderen Besitztümer. Eines Tages bemerkte er, dass jemand immer wieder diese Äpfel stahl. Das machte ihn sehr traurig und er wurde so krank, dass er nicht mehr essen noch trinken konnte. Er bat

DER FEUERVOGEL

seinen ältesten Sohn, den Baum zu bewachen, doch in der Nacht schlief er ein. Seinem Vater sagte er, es sei niemand da gewesen, doch man konnte sehen, dass ein weiterer Apfel fehlte.

Also bat der Zar den zweiten Sohn, doch auch dieser schlief ein. Als er dem Vater sagte, es sei niemand da gewesen, zählte man die Äpfel nach und es fehlte schon wieder einer.

Der Zar wurde immer besorgter und bat schließlich seinen Jüngsten, Iwan, im Garten zu wachen. Die Nacht war lang und warm und Iwan wäre beinahe eingeschlafen, doch er wusch sein Gesicht mit Tau und hielt sich auf diese Weise wach. Da sah er plötzlich etwas, das ihm den Atem nahm. Im Herzen des wunderbaren Apfelbaumes begann es, wie Feuer zu glühen, und als Iwan hinlief, erkannte er, dass es ein herrlicher Vogel war, mit Federn, die waren rot und orange und

DER FEUERVOGEL

gelb und golden wie Flammen – und dieser Vogel pickte an den Äpfeln. Iwan wollte ihn ergreifen, doch der Vogel entwischte ihm und stieg wie ein feuriger Komet in den dunklen Nachthimmel empor. Nur eine seiner goldenen Schwanzfedern ließ er zurück.

»Wie gern hätte ich diesen Vogel«, sagte der Zar, als Iwan ihm am nächsten Morgen die Feder zeigte. »Ich glaube, ich würde ihn noch mehr lieben als meinen Apfelbaum.«

Also machten sich die drei Söhne auf die Suche nach dem Vogel, doch der Älteste war so faul, dass er schon einschlief, als er kaum den Palast verlassen hatte. Der Zweite war auch nicht viel besser und schlief unter dem ersten Baum, zu dem er kam, ein.

Und so blieb Iwan allein übrig, der auf seinem weißen Pferd ritt und den Sonnenschein genoss. Von dem wunderbaren Vogel aber war weit und breit nichts zu sehen.

DER FEUERVOGEL

Nach einer Weile hielt Iwan an, band sein Pferd fest und suchte etwas zu essen. Da kam ein Wolf des Weges, und wie er das Pferd allein dort stehen sah, zögerte er nicht lange und verschlang es.

Als Iwan mit ein wenig Brot und Käse zurückkam, war von seinem Pferd nur noch ein Häuflein Knochen zu sehen. Er konnte es gar nicht glauben und jammerte: »Mein armes Pferd. Was soll ich denn jetzt tun? Ich bin schon so weit weg von zu Haus und habe den Feuervogel noch immer nicht gefunden.

Der graue Wolf saß unter einem Baum und leckte sich die Lippen ab, doch als er Iwan weinen sah, trottete er zu ihm herüber und sagte: »Es tut mir leid, dass ich dein Pferd verspeist habe, aber ich hatte Hunger. Ich schulde dir einen Gefallen.«

»Ach was kannst du mir schon nützen?« fragte Iwan.

»Wie es der Zufall will, bin ich der einzige, der weiß,

DER FEUERVOGEL

wo der Feuervogel lebt. Steig' auf meinen Rücken und ich bringe dich zu ihm, dann kannst du ihn deinem Vater mitbringen.«

Also stieg Iwan auf den Rücken des Wolfes, hielt sich in dessen grauem Fell fest, und wie der Wind sausten sie vorbei an schimmernden Seen, durch dunkle Wälder, über felsige Berge und kamen schließlich zu einem Schloss, bei dem der Wolf anhielt.

»Nun höre mir genau zu«, sagte er zu Iwan. »Gehe an den schlafenden Wächtern vorbei, dann siehst du einen Turm mit einem goldenen Käfig, darin ist der Feuervogel.«

»Ich danke dir«, sagte Iwan.

»Warte«, sagte der Wolf. »Ich bin noch nicht fertig. Du darfst den Käfig nicht berühren, denk daran.«

Und so schlich sich Iwan an den schnarchenden Wächtern vorüber und stieg die knarrende Treppe des Turmes

DER FEUERVOGEL

hinauf, bis er das höchste Zimmer erreicht hatte. Dort sah er in der Ecke den Käfig mit dem Feuervogel, der in seinem goldenen Käfig strahlte wie die Sonne. Die Tür des Käfigs war offen und so hob Iwan den Vogel ganz vorsichtig hinaus.

»Aber wie herrlich ist dieser Käfig«, dachte er, und als er ihn berührte, läuteten seine Stäbe wie Glocken. Alle Bewohner des Schlosses erwachten und riefen, es sei ein Dieb im Turm. Iwan wurde ergriffen und in das Gemach des Zaren Afron gebracht.

»Was fällt dir ein, dich in mein Schloss hineinzuschleichen und meinen Feuervogel zu stehlen?«, brüllte der Zar Afron. »Du hast den Tod verdient.«

Iwan fiel auf die Knie und bettelte: »Vergib mir, meinem Vater, dem Zar Bendei, zuliebe. Ich kam nur her, weil mein Vater deinen Feuervogel so sehr liebt, dass er ihn gern bei sich haben möchte.«

DER FEUERVOGEL

»Der Sohn eines Zaren als gewöhnlicher Dieb? Das wird ja immer schöner.« Aber der Zar Afron war listig, und er wusste, wenn Iwan den Weg bis zum Schloss gefunden hatte, musste er sehr klug sein.

»Du hast noch eine Möglichkeit, dich zu retten«, sagte er. »Hinter den Purpurbergen liegt das Schloss des Zaren Kusman. Er hat ein Pferd mit einer goldenen Mähne, das ich unbedingt haben möchte. Bring es mir, und der Feuervogel gehört dir!«

Also ging Iwan zurück zum Wolf und dieser brummte: »Warum hast du nicht auf mich gehört! Aber versprochen ist versprochen.« Und er nahm Iwan auf seinen Rücken und brachte ihn über die Purpurberge zum Schloss des Zaren Kusman.

»Nun höre mir genau zu«, sagte der Wolf, als er Iwan absetzte. »Du wirst das Pferd, das du suchst, in den Ställen auf der Rückseite des Schlosses finden.«

DER FEUERVOGEL

»Ich danke dir«, sagte Iwan.

»Warte, ich bin noch nicht fertig, höre gut zu. Bei dem Pferd wirst du goldene Zügel finden. Was auch immer geschieht, berühre sie nicht.«

Iwan schlich um das Schloss herum zu den Ställen, und da fand er das wundersame Pferd mit der goldenen Mähne. Er führte es aus dem Stall, und als er beim Tor ankam, sah er dort die goldenen Zügel hängen. »Wie schön diese Zügel sind!«, sagte er und als er danach griff, begannen sie zu klappern und rasseln, dass alle Bewohner des Schlosses erwachten. Iwan wurde ergriffen und in den staubigen Kerker des Zaren Kusman geworfen. Als dieser zu ihm kam, befahl er: »Schlagt ihm den Kopf ab!«

»Vergib mir, meinem Vater, dem Zaren Bendei zuliebe!«, bettelte Iwan.

»Wie scheußlich! Der Sohn eines Zaren ist ein gewöhn-

DER FEUERVOGEL

licher Dieb!«, sagte der Zar Kusman und dennoch funkelten seine Augen, denn er dachte sich, Iwan müsse
schon sehr klug sein, da er doch den Weg zu dem Pferd
mit der goldenen Mähne gefunden hatte.

»Du hast noch eine Möglichkeit, dich zu retten«,
sagte er. »Finde den Weg zum Schloss des Zaren Dal-
mat und bringe mir seine dunkeläugige Tochter, die
Fee Ylena. Dann kannst du das Pferd mit der goldenen Mähne haben. Was hältst du davon?«

Also ging Iwan zum Wolf zurück. »Also gut, versprochen ist versprochen, wir werden das Schloss finden,
denn ich bin der einzige, der weiß, wo es ist. Diesmal
aber werde ich selbst das kostbare Gut holen.«

DER FEUERVOGEL

Mit diesen Worten lief er zum See, stürzte sich hinein, und als er wieder auftauchte, saß eine wunderschöne Prinzessin auf seinem Rücken.

»Steig' auf«, sagte er zu Iwan, und dann jagte er über die Purpurberge zurück zum Schloss des Zaren Kusman. »Und nun tausche sie gegen das Pferd mit der goldenen Mähne ein«, sagte er.

»Ich kann nicht«, flüsterte Iwan, »ich habe mich in sie verliebt. Wie könnte ich sie jemals dem schrecklichen Zaren geben?«

»Ach du meine Güte!«, seufzte der Wolf. »Na gut, versprochen ist versprochen. Versteck sie und komm mit mir.« Er sprang in die Luft, machte einen Salto,

DER FEUERVOGEL

und huiih! verwandelte er sich blitzschnell in ein dunkeläugiges Mädchen, das genau so aussah wie die Fee Ylena. Und so gingen die beiden ins Schloss.

»Bitte sehr, hier bringe ich dir die Fee Ylena«, sagte Iwan und der Zar war so erstaunt und erfreut, sie zu sehen, dass er Iwan das Pferd mit der goldenen Mähne gab und die Zügel noch dazu. Iwan galoppierte zurück zu dem Baum, bei dem er die wahre Ylena versteckt hatte und sie stieg auf das Pferd. Iwan sagte:

»Wie glücklich ich bin, jetzt habe ich dich und das goldene Pferd!«

Im Schloss nahm der Zar Kusman die falsche Ylena in seine haarigen Arme. »Willst du meine Frau werden?«, wisperte er. Aber wie erstarrte er vor Schreck, als sie in die Luft sprang, einen Salto machte und sich huiih! in einen grauen Wolf mit bleckenden Zähnen und gelben, hungrigen Augen verwandelte. Und es verging

DER FEUERVOGEL

kein Augenblick, da lief der Wolf schon neben Iwan
und Ylena zum Schloss des Zaren Afron.

»Wie schade, dass wir dieses Pferd abgeben müssen!
Du weißt ja, Wolf, dass ich keines mehr habe. Wie soll
ich Ylena ohne Pferd zu mir nach Hause bringen?«

Der Wolf seufzte. »Also gut. Versprochen ist versprochen. Versteck das Pferd und Ylena im Wald und
komm mit mir.« Er machte einen Salto in der Luft und
huiih! verwandelte er sich in ein Pferd mit einer goldenen Mähne. Iwan stieg auf seinen Rücken und ritt
auf den Schlosshof. Der Zar Afron kam herunterge-
laufen und rieb sich frohlockend die Hände.

»Dein Vater muss sehr stolz sein auf einen Sohn wie
dich!«, sagte er. »Hier, nimm den Feuervogel und den
goldenen Käfig dazu.«

Iwan verließ das Schloss und eilte in den Wald, in dem
Ylena und das echte Pferd mit der goldenen Mähne

DER FEUERVOGEL

warteten, und sogleich begaben sie sich auf den Weg, den der Feuervogel mit seinem Schimmer erleuchtete. Auf dem Schlosshof schwang sich der Zar auf den Rücken seines neuen Pferdes. »Was für einen prachtvollen Anblick ich darbiete!«, brüllte er. »Schaut alle zu mir her!« Doch im selben Moment stürzte er fluchend und mit Schmerzensschreien zu Boden, als das Pferd in der Luft einen Salto machte und sich huiih! in den grauen Wolf verwandelte.

Jetzt habe ich mein Versprechen gehalten!«, sagte er. »Nun ist es vollbracht. Auf Wiedersehen, Iwan, Sohn des Zaren Bendei. Du hast dein Glück gemacht.«

Viele Tage lang ritten Iwan und Ylena, bis sie in die Nähe des väterlichen Palastes kamen. »Wir sollten eine Pause machen, ehe wir weiterreiten«, sagte Iwan, und sie legten sich unter einem Baum Arm in Arm schlafen.

DER FEUERVOGEL

Unweit davon lag der alte Zar im Sterben und beweinte den Verlust seines jüngsten Sohnes.

»Sicher ist er tot!«, klagte er und bat seine beiden anderen Söhne: »Schaut, ob ihr etwas über ihn erfahren könnt.«

Die beiden Söhne verließen das Schloss und schon bald kamen sie zu dem Baum, unter dem ihr Bruder in den Armen einer wunderschönen Prinzessin lag, daneben ein grasendes Pferd mit einer goldenen Mähne und an einem Ast der goldene Käfig mit dem Feuervogel. Voller Staunen und Neid flüsterten sie miteinander.

DER FEUERVOGEL

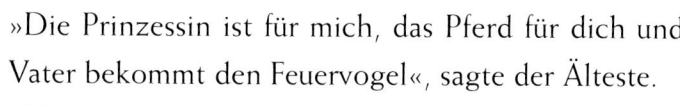

»Die Prinzessin ist für mich, das Pferd für dich und Vater bekommt den Feuervogel«, sagte der Älteste.

»Und Iwan wird nichts davon erfahren. Vater hält ihn ohnehin für tot«, sagte der andere, und ohne zu zögern erschlugen sie ihn mit ihren Schwertern und eilten mit ihrer Beute zurück.

Nun geschah es, dass der Wolf zu dem Baum kam, bei dem Iwan tot lag und über dem ein Rabe seine Bahn zog.

»Ich hätte wissen können, dass ich Iwan nicht zum letzten Mal gesehen habe«, sagte der Wolf, und als der Rabe sich auf Iwan setzen und an ihm zu picken be-

DER FEUERVOGEL

ginnen wollte, schnappte der Wolf nach ihm und sagte: »Ich werde deine Kinder fressen, wenn du nicht auf der Stelle losfliegst und das Wasser des Lebens holst!«

Da sauste der Rabe davon, über die Bäume und Berge, die Wälder und Seen, und als er zurückkam, hatte er das Wasser des Lebens in seinem Schnabel.

»Deine Kinder sind gerettet«, sagte der Wolf und benetzte Iwans Wunden mit ein paar Tropfen des Wassers, die sie gleich heilten. Den Rest des Wassers ließ er auf Iwans Lippen fallen, und sogleich öffnete er die Augen, schöpfte Atem und erwachte zu neuem Leben.

»Nun habe ich alles getan, was ich konnte«, sagte der Wolf, machte einen Salto in der Luft und war verschwunden.

Iwan eilte zum Schloss und war erleichtert, seinen Vater noch lebendig zu finden. Gemeinsam mit Ylena

DER FEUERVOGEL

erzählte er dem Vater die ganze Geschichte, und der Zar erhob sich aus seinem Krankenbett und verbannte die beiden anderen Söhne aus dem Königreich, ohne Pferd und Proviant, und sie wurden niemals wieder gesehen.

Iwan fragte Ylena, ob sie ihn heiraten wolle und sie sagte ja.

Die Fische aus dem See brachten ihr einen Umhang, der glänzte wie silbernes Wasser. Er wurde ihr Brautkleid und Iwan schenkte ihr das Pferd mit der goldenen Mähne als Hochzeitsgabe.

Und der Feuervogel sitzt im goldenen Apfelbaum des Zaren und schläft nachts in seinem goldenen Käfig, dessen Stangen im Wind ertönen wie ferner, süßer Glockenklang.

HÄNSEL UND GRETEL

Es war einmal vor langer Zeit und an einem fernen Ort, dass ein Junge namens Hänsel und ein Mädchen namens Gretel mit ihren Eltern in einer Hütte nahe bei einem Wald lebten. Es waren schlimme Zeiten – Wölfe holten die Schafe, Füchse die Hühner und die Kartoffelernte war dürftig. Sie starben beinahe vor Hunger und eines Nachts, als die Kinder vor lauter Hunger, nicht schlafen konnten, hörten sie die Muter sagen: »Lieber Mann, wir haben nicht mehr genug zu essen für uns alle.«

HÄNSEL UND GRETEL

»Aber was sollen wir tun?«, hörten sie den Vater antworten.

»Lieber Mann, es ist ganz einfach. Wir bringen die Kinder in den Wald und lassen sie für sich selber sorgen.«

»Das bringe ich nicht übers Herz«, sagte er.

»Wenn wir es nicht tun, müssen wir alle sterben.«

Gretel begann zu weinen, doch Hänsel nahm sie in seine Arme und sagte: »Mach dir keine Sorgen. Ich weiß, was wir tun können.« Er wartete, bis die Eltern schliefen und schlich sich vor die Hütte. Der Mond schien klar und hell und die Kiesel auf der Erde leuchteten wie die Sterne. Er füllte so viele von ihnen wie er nur konnte in seine Taschen.

Am nächsten Morgen wurden sie von ihrer Mutter geweckt, die sie heftig schüttelte: »Steht auf, ihr müsst mit uns in den Wald kommen, um Holz zu sammeln.«

HÄNSEL UND GRETEL

Sie gab jedem von ihnen ein Stückchen Brot, doch Hänsel steckte seines in Gretels Tasche. Dann brachen sie alle zusammen auf und Hänsel blieb immer wieder ein wenig zurück und ließ unbemerkt einen Kieselstein fallen, um den Weg zu markieren.

»Komm schneller«, drängte der Vater, der wollte, das alles schnell vorbei sei.

»Was trödelst du da herum, dummer Kerl?«, fragte die Mutter.

»Ich möchte nur meinem weißen Kätzchen Lebewohl sagen«, antwortete Hänsel und ließ einen weiteren Stein fallen.

»Das ist keine Katze, du Dummkopf. Wie oft soll ich dir noch sagen, das es die Sonne ist, die auf den Kamin scheint?«

Als sie in der Mitte des Waldes angekommen waren, sagten die Eltern den Kindern, sie sollten Zweige sam-

HÄNSEL UND GRETEL

meln und ein Feuer anzünden. »Und wartet hier, bis wir wiederkommen«, sagten sie, ohne sich zu verabschieden.

Die Kinder aßen ihr Brot und wärmten sich am Feuer. Sie hörten ein Geräusch wie von einer Axt, mit der Holz gefällt wurde und dachten, ihr Vater sei in der Nähe. Doch es war nur ein Ast, den die Mutter so an einem Baumstamm befestigt hatte, dass er dagegen schlug.

Es wurde kalt und finster und ihr Feuer erlosch langsam. Doch als der Mond aufging, schimmerten die Kieselsteine, die Hänsel hatte fallen lassen, und erleuchteten ihnen den Weg nach Hause. Als sie an die Tür klopften und die Mutter ihnen öffnete, traute sie ihren Augen nicht. »Lieber Mann, die Kinder sind nach Hause gekommen!« Und sie schalt sie dafür, dass sie so lange fort gewesen waren, doch dem Vater wurde warm ums Herz, als er seine Kinder wiedersah.

»Wir werden schon einen Ausweg finden«, sagte er seiner Frau, doch die spitzte ihre Lippen und sagte: »Wir werden sehen.«

Bald schon kamen wieder schwere Zeiten, der Boden war gefroren und lag brach, Menschen und Tiere litten schlimmen Hunger.

Eines Nachts lagen die Kinder wach und hörten ihre Mutter sagen: »Lieber Mann, wir müssen endlich etwas unternehmen. Morgen werden wir die Kinder in den Wald bringen.«

Gretel weinte, doch Hänsel nahm sie in seine Arme und sagte: »Sei unbesorgt, Gretel. Ich werde mir schon etwas einfallen lassen.«

Als seine Eltern schliefen, schlich er die Treppe hinab. Draußen schimmerten die Kiesel im Mondlicht, doch seine Mutter hatte die Tür zugeschlossen und er konnte nicht ins Freie gelangen.

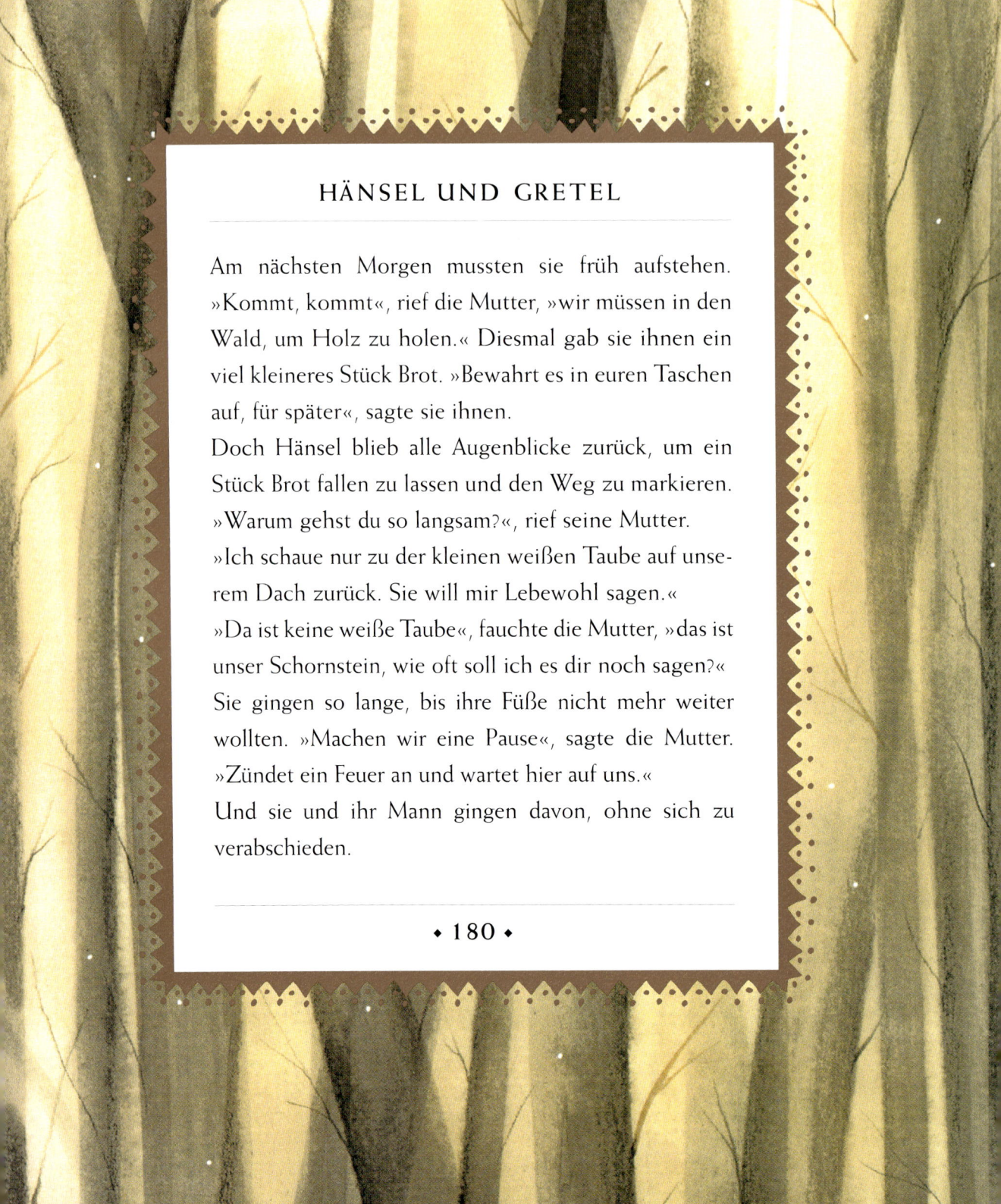

HÄNSEL UND GRETEL

Am nächsten Morgen mussten sie früh aufstehen.
»Kommt, kommt«, rief die Mutter, »wir müssen in den
Wald, um Holz zu holen.« Diesmal gab sie ihnen ein
viel kleineres Stück Brot. »Bewahrt es in euren Taschen
auf, für später«, sagte sie ihnen.

Doch Hänsel blieb alle Augenblicke zurück, um ein
Stück Brot fallen zu lassen und den Weg zu markieren.
»Warum gehst du so langsam?«, rief seine Mutter.

»Ich schaue nur zu der kleinen weißen Taube auf unse-
rem Dach zurück. Sie will mir Lebewohl sagen.«

»Da ist keine weiße Taube«, fauchte die Mutter, »das ist
unser Schornstein, wie oft soll ich es dir noch sagen?«

Sie gingen so lange, bis ihre Füße nicht mehr weiter
wollten. »Machen wir eine Pause«, sagte die Mutter.
»Zündet ein Feuer an und wartet hier auf uns.«

Und sie und ihr Mann gingen davon, ohne sich zu
verabschieden.

HÄNSEL UND GRETEL

Hänsel hatte all sein Brot verstreut, so dass sie sich Gretels Stück teilen mussten. Es wurde finster und ihr kleines Feuer erlosch. Der Mond ging auf und die Kinder suchten nach den Brotkrumen, die ihnen den Weg weisen sollten, doch sie waren fort. Die Waldvögel hatten sie alle aufgefressen. Hänsel und Gretel entfachten ihr Feuer wieder, deckten sich mit Laub zu und versuchten, den Gedanken an die unheimliche Nacht zu vertreiben.

Als es Morgen wurde, machten sie sich auf den Heimweg – doch je länger sie gingen, desto mehr verirrten sie sich, und es schien, als seien sie elfmal in einer Stunde am gleichen Baum vorübergegangen. Drei Tage und Nächte lang irrten sie umher, doch nie schienen sie in der Nähe ihrer Hütte zu sein, und die hohen Bäume nahmen ihnen alles Licht.

»Folgt mir! Folgt mir!«, hörten sie eine Stimme, und sie

HÄNSEL UND GRETEL

sahen einen weißen Vogel, der über den Bäumen schimmerte wie der Mond.

Sie liefen ihm nach und kamen zu einer Lichtung, in deren Mitte ein Häuschen stand, das war aus Brot und Lebkuchen gebaut.

Sogleich gingen sie zu dem Häuschen und glaubten, sie träumten. Doch es war wirklich da. Hänsel brach ein Stück Pfefferkuchen ab und gab es Gretel. Gretel pflückte zwei Lutscher aus dem Garten und gab Hänsel einen davon. »Mmh! Koste einmal die Tür – sie schmeckt nach Erdbeeren«, sagte Hänsel, doch Gretel leckte gerade an einem Fenster, das aus purem Zucker war. Sie konnten gar nicht mehr aufhören und brachen immer neue Stücke von Lebkuchen aus der Wand, die sie gierig verschlangen.

Da hörten sie eine Stimme von innen:

»Wer knuspert da an meinem Häuschen?«

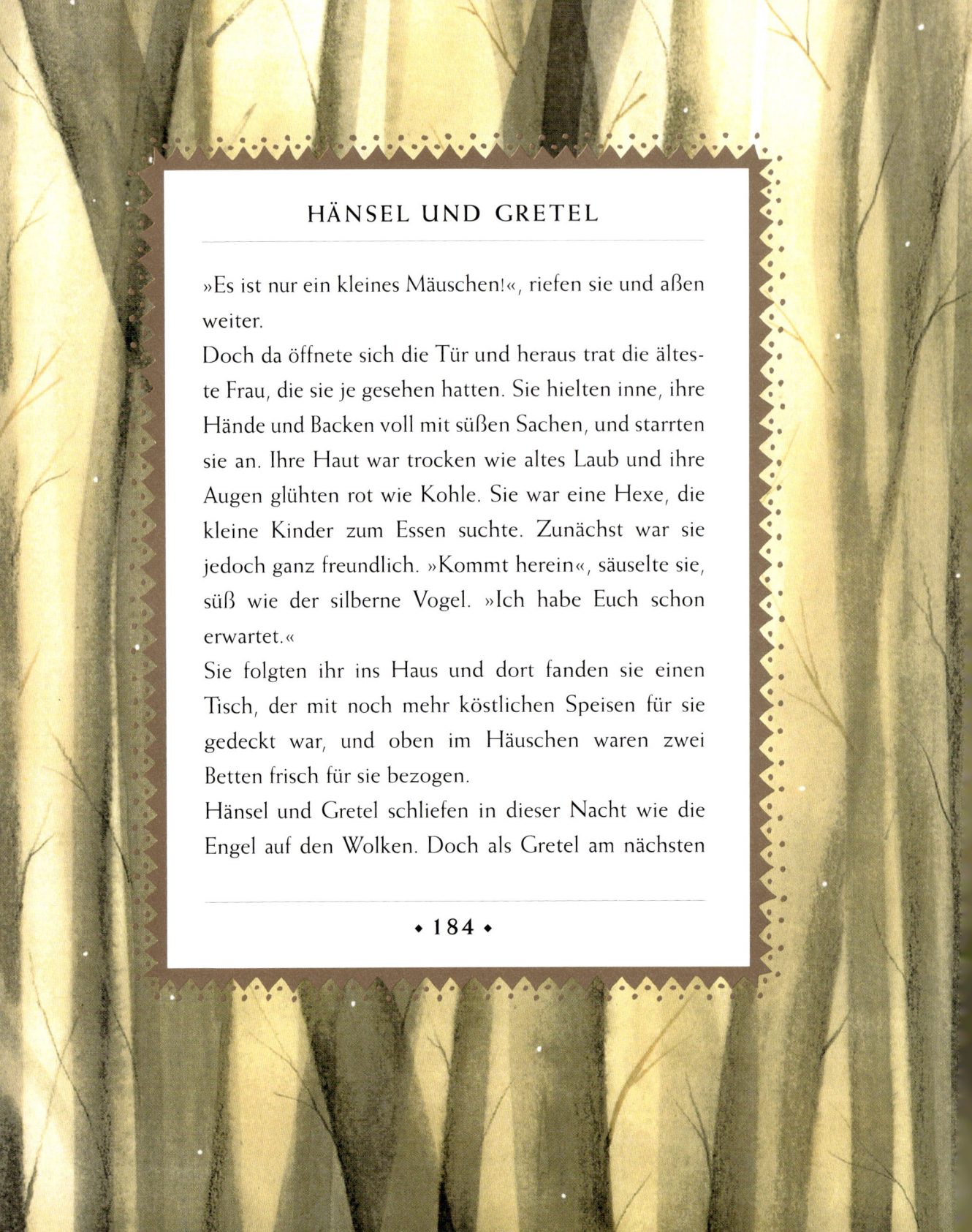

HÄNSEL UND GRETEL

»Es ist nur ein kleines Mäuschen!«, riefen sie und aßen weiter.

Doch da öffnete sich die Tür und heraus trat die älteste Frau, die sie je gesehen hatten. Sie hielten inne, ihre Hände und Backen voll mit süßen Sachen, und starrten sie an. Ihre Haut war trocken wie altes Laub und ihre Augen glühten rot wie Kohle. Sie war eine Hexe, die kleine Kinder zum Essen suchte. Zunächst war sie jedoch ganz freundlich. »Kommt herein«, säuselte sie, süß wie der silberne Vogel. »Ich habe Euch schon erwartet.«

Sie folgten ihr ins Haus und dort fanden sie einen Tisch, der mit noch mehr köstlichen Speisen für sie gedeckt war, und oben im Häuschen waren zwei Betten frisch für sie bezogen.

Hänsel und Gretel schliefen in dieser Nacht wie die Engel auf den Wolken. Doch als Gretel am nächsten

HÄNSEL UND GRETEL

Morgen erwachte, sah sie, wie die Hexe über Hänsels rote Wangen streichelte, als seien es reife Äpfel. »Er wird köstlich sein«, summte sie vor sich hin, »wenn er noch ein wenig gemästet ist.«

»Was meinst du damit?«, fragte Gretel ängstlich.

»Ihr habt euer Festmahl gehabt – nun will ich meins!«, grinste die Hexe und von ihrer Freundlichkeit war nichts mehr zu sehen.

Sie zerrte Hänsel aus dem Bett und hatte ihn in einen Käfig im Hof gesperrt, bevor er sich auch nur die Augen reiben konnte.

»Nun mäste ihn«, keifte sie Gretel an. »Ich mag süße dicke Jungen zum Abendessen!« Von nun an bekam Hänsel nur noch die köstlichsten Speisen, Gretel dagegen bekam nur Brotkrusten. Das war ihr gleichgültig, doch sie machte sich Sorgen um Hänsel. Gab es gar keinen Weg, ihm zu helfen?

HÄNSEL UND GRETEL

Jeden Tag kam die Hexe und fühlte an seinem kleinen Finger, ob er schon fett genug war. Da hatte er eine Idee. Er nahm einen dünnen Hühnerknochen und streckte den an Stelle seines Fingers zu ihr heraus. Die Augen der Hexe waren so schlecht, dass sie es nicht bemerkte und sich jedes Mal wunderte, dass er gar nicht fett werden wollte.

Nach einer Weile jedoch überkam sie die Ungeduld, und sie beschloss, nicht länger zu warten, da sie schon sehr hungrig war.

»Heute ist es soweit!«, sagte sie und leckte sich die Lippen. »Schür das Feuer, Gretel. Heute gibt es ein Festmahl!«

Sie füllte einen großen Kessel mit Wasser und begann, Gemüse zu schneiden, wobei sie fröhlich ein Lied vor sich hin gackerte:

HÄNSEL UND GRETEL

»Hinein mit euch, Kartoffeln, Karotten,
heute wird der Hänsel gesotten!«

Stück für Stück warf sie das Gemüse hinein und Gretel
begann zu weinen. »Gretel«, rief die Hexe, »ich werde
noch ein Brot backen. Hol das Kuchenblech aus dem
Ofen. Und beeil dich!«

Gretel wusste, was die Hexe vorhatte. Sie wollte gar
kein Brot backen, sondern sie selbst. Voller Furcht ging
sie zum Ofen.

»Ich kann ihn nicht öffnen. Er ist zu fest verschlossen«,
weinte sie.

»Nutzloses Ding! Schlag mit dem Schürhaken gegen
den Griff! Schau, so geht das!« Und die Hexe machte
es vor.

»Aber ich kann das Kuchenblech nicht sehen. Der
Ofen ist zu dunkel!«, jammerte Gretel.

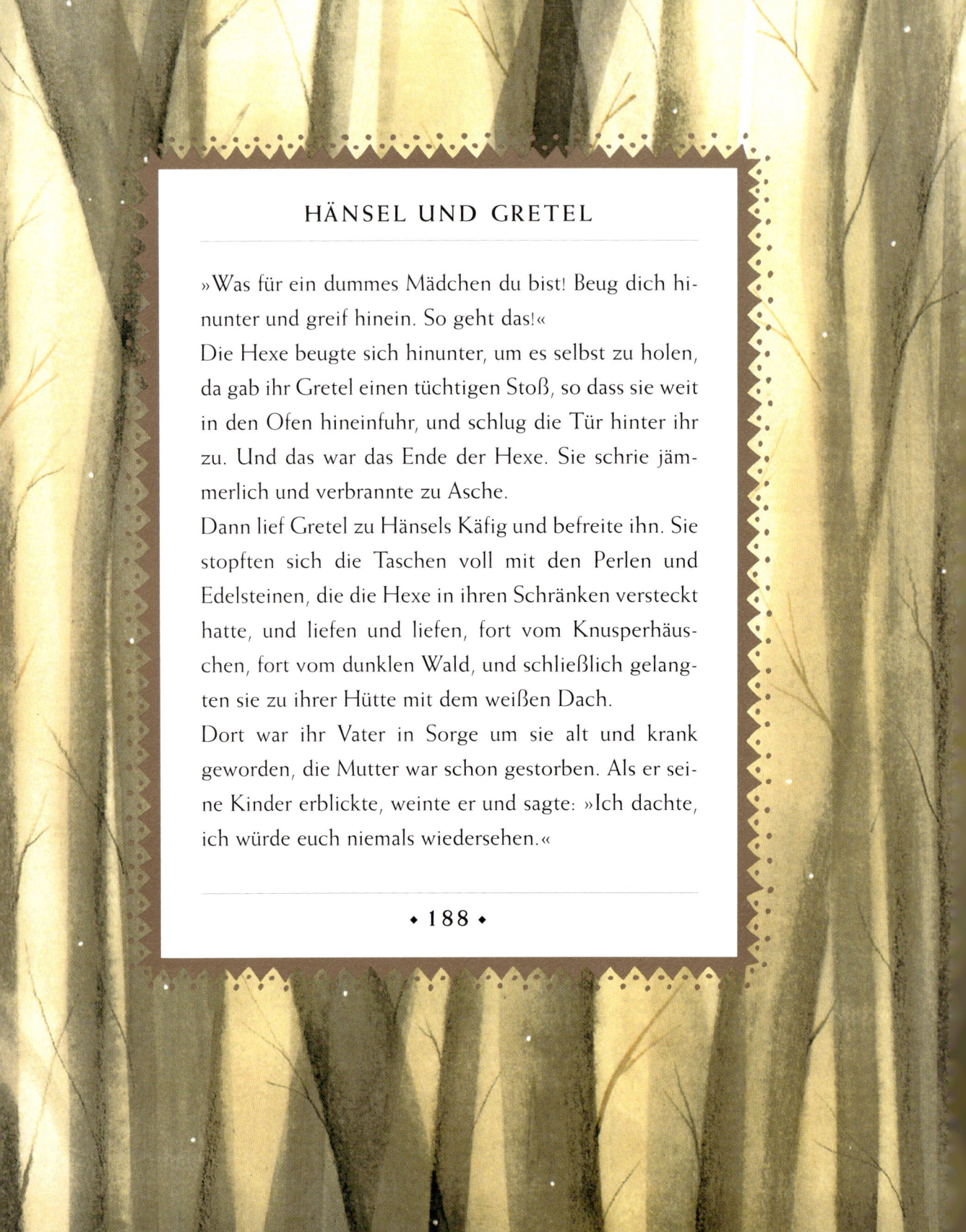

HÄNSEL UND GRETEL

»Was für ein dummes Mädchen du bist! Beug dich hinunter und greif hinein. So geht das!«

Die Hexe beugte sich hinunter, um es selbst zu holen, da gab ihr Gretel einen tüchtigen Stoß, so dass sie weit in den Ofen hineinfuhr, und schlug die Tür hinter ihr zu. Und das war das Ende der Hexe. Sie schrie jämmerlich und verbrannte zu Asche.

Dann lief Gretel zu Hänsels Käfig und befreite ihn. Sie stopften sich die Taschen voll mit den Perlen und Edelsteinen, die die Hexe in ihren Schränken versteckt hatte, und liefen und liefen, fort vom Knusperhäuschen, fort vom dunklen Wald, und schließlich gelangten sie zu ihrer Hütte mit dem weißen Dach.

Dort war ihr Vater in Sorge um sie alt und krank geworden, die Mutter war schon gestorben. Als er seine Kinder erblickte, weinte er und sagte: »Ich dachte, ich würde euch niemals wiedersehen.«

HÄNSEL UND GRETEL

Hänsel und Gretel gaben ihm all die Schätze aus dem Haus der Hexe, und nun waren sie glücklich und mussten nie wieder hungern.

DER FROSCHKÖNIG

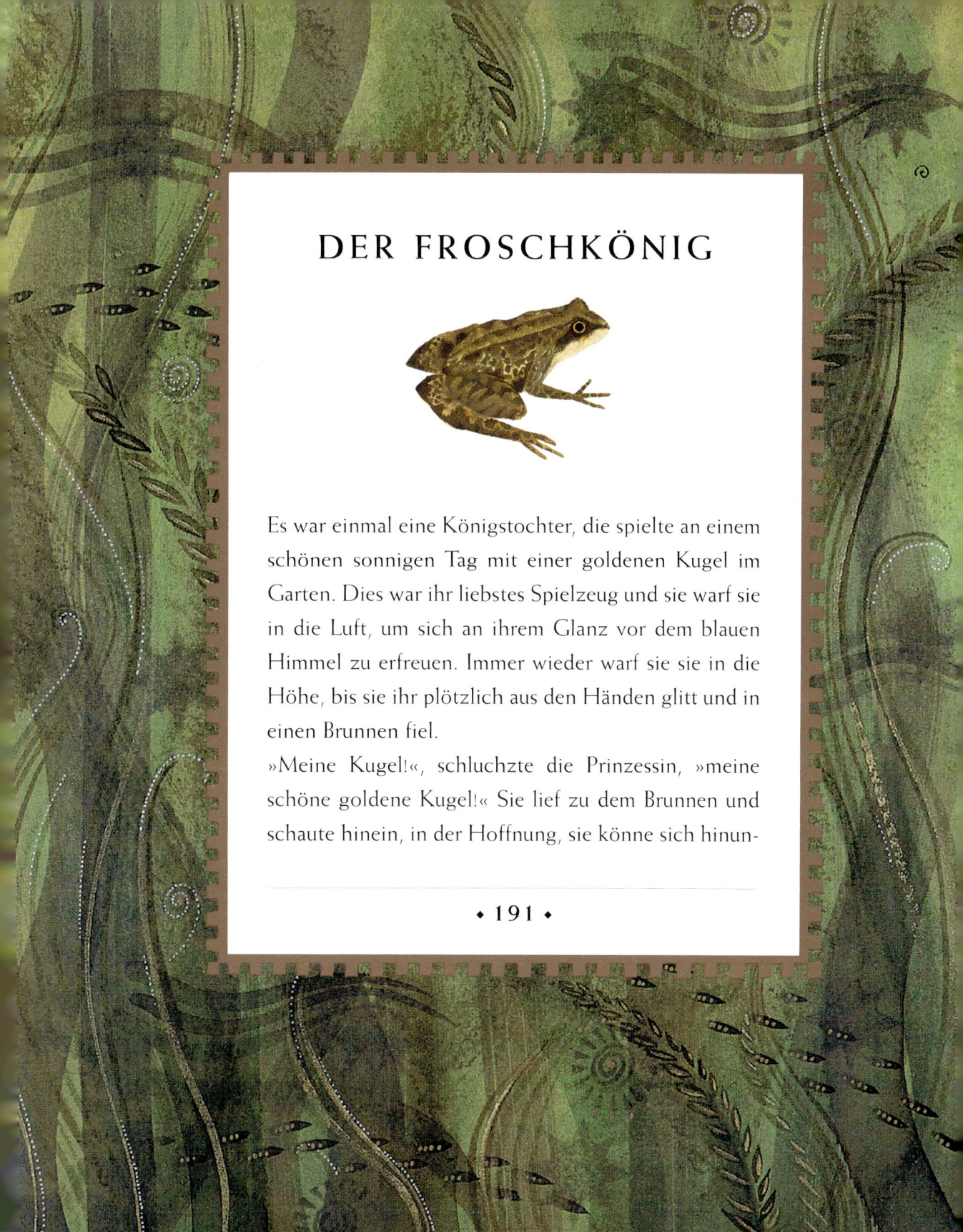

Es war einmal eine Königstochter, die spielte an einem schönen sonnigen Tag mit einer goldenen Kugel im Garten. Dies war ihr liebstes Spielzeug und sie warf sie in die Luft, um sich an ihrem Glanz vor dem blauen Himmel zu erfreuen. Immer wieder warf sie sie in die Höhe, bis sie ihr plötzlich aus den Händen glitt und in einen Brunnen fiel.

»Meine Kugel!«, schluchzte die Prinzessin, »meine schöne goldene Kugel!« Sie lief zu dem Brunnen und schaute hinein, in der Hoffnung, sie könne sich hinun-

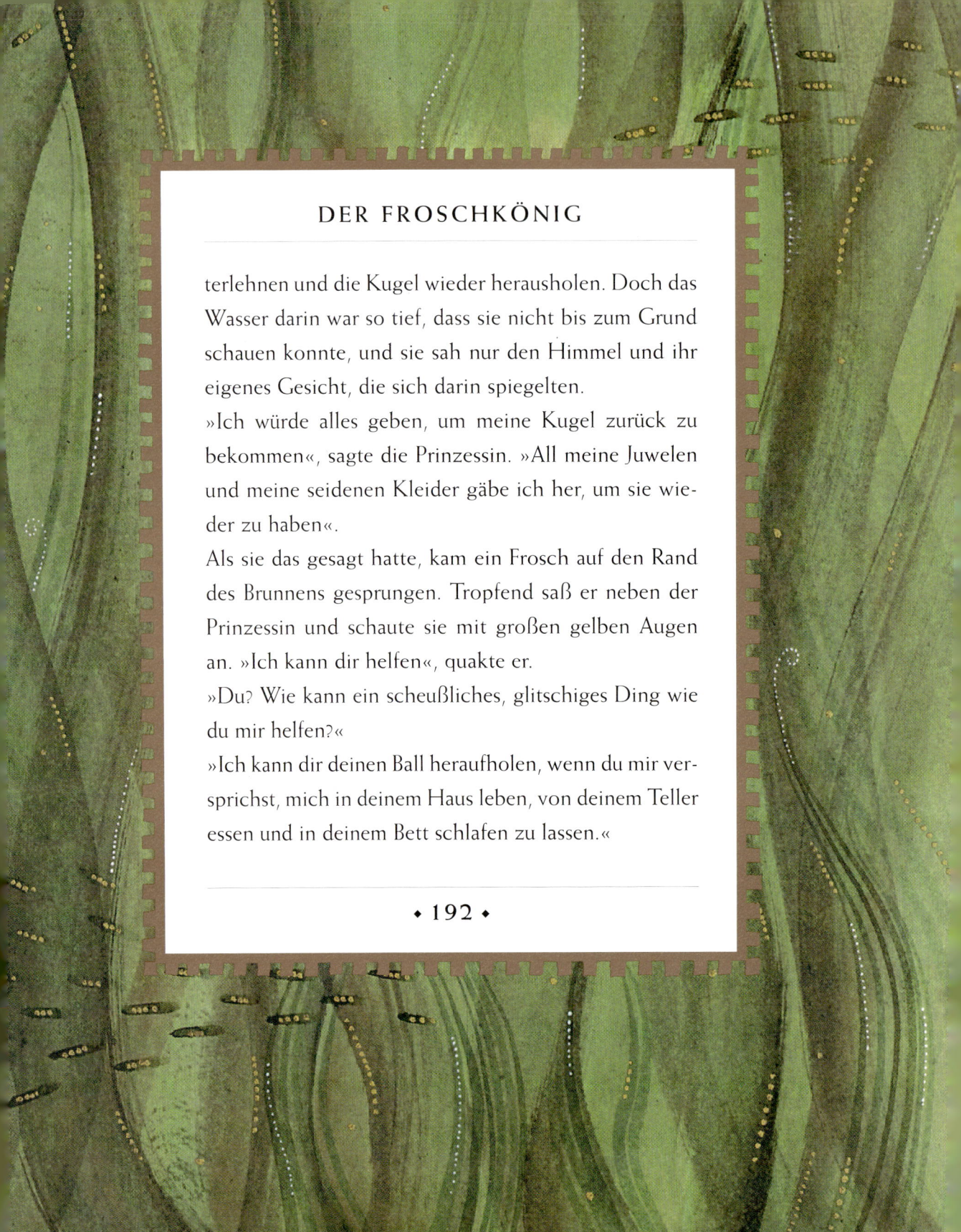

DER FROSCHKÖNIG

terlehnen und die Kugel wieder herausholen. Doch das Wasser darin war so tief, dass sie nicht bis zum Grund schauen konnte, und sie sah nur den Himmel und ihr eigenes Gesicht, die sich darin spiegelten.

»Ich würde alles geben, um meine Kugel zurück zu bekommen«, sagte die Prinzessin. »All meine Juwelen und meine seidenen Kleider gäbe ich her, um sie wieder zu haben«.

Als sie das gesagt hatte, kam ein Frosch auf den Rand des Brunnens gesprungen. Tropfend saß er neben der Prinzessin und schaute sie mit großen gelben Augen an. »Ich kann dir helfen«, quakte er.

»Du? Wie kann ein scheußliches, glitschiges Ding wie du mir helfen?«

»Ich kann dir deinen Ball heraufholen, wenn du mir versprichst, mich in deinem Haus leben, von deinem Teller essen und in deinem Bett schlafen zu lassen.«

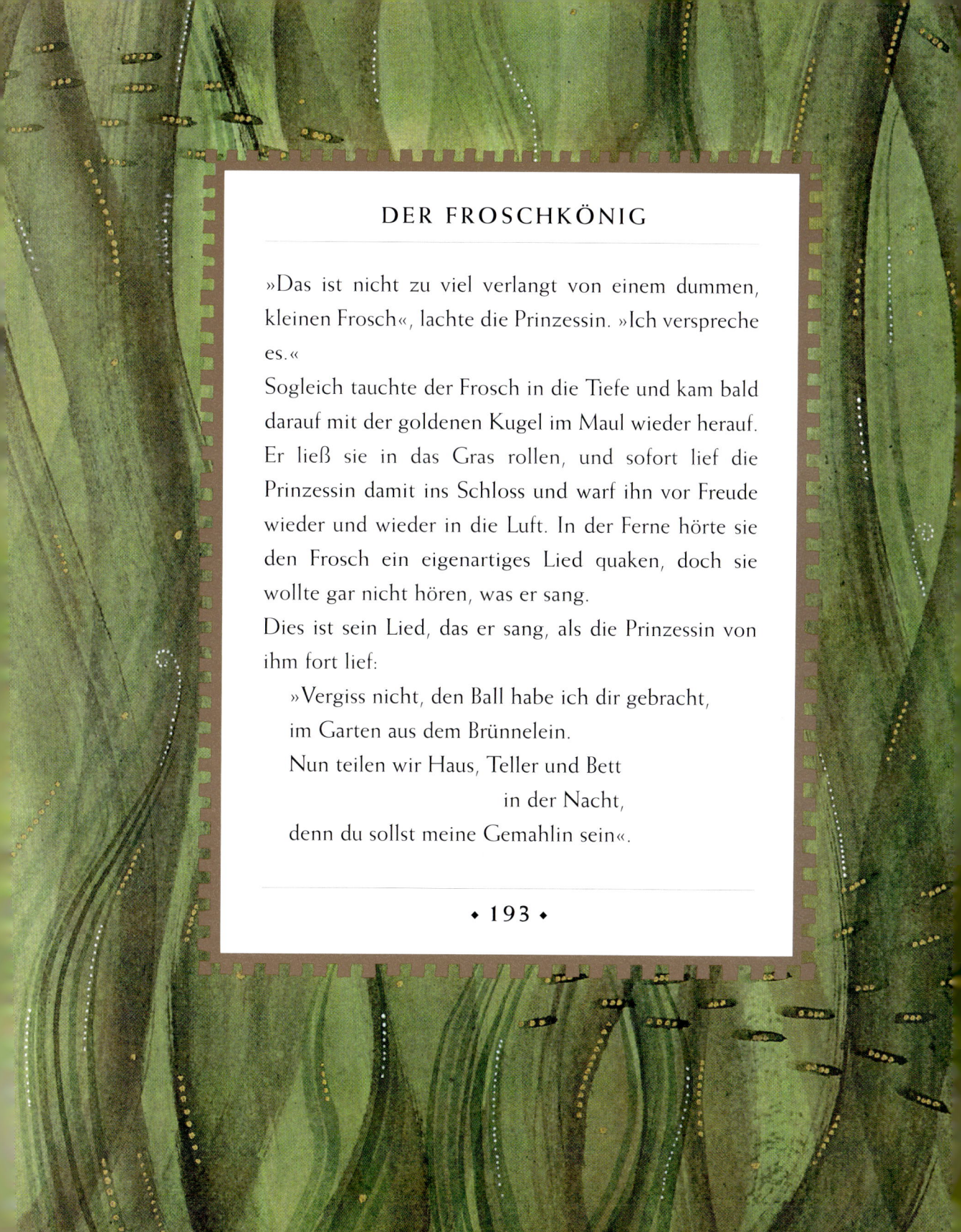

DER FROSCHKÖNIG

»Das ist nicht zu viel verlangt von einem dummen, kleinen Frosch«, lachte die Prinzessin. »Ich verspreche es.«

Sogleich tauchte der Frosch in die Tiefe und kam bald darauf mit der goldenen Kugel im Maul wieder herauf. Er ließ sie in das Gras rollen, und sofort lief die Prinzessin damit ins Schloss und warf ihn vor Freude wieder und wieder in die Luft. In der Ferne hörte sie den Frosch ein eigenartiges Lied quaken, doch sie wollte gar nicht hören, was er sang.

Dies ist sein Lied, das er sang, als die Prinzessin von ihm fort lief:

> »Vergiss nicht, den Ball habe ich dir gebracht,
> im Garten aus dem Brünnelein.
> Nun teilen wir Haus, Teller und Bett
> in der Nacht,
> denn du sollst meine Gemahlin sein«.

DER FROSCHKÖNIG

Doch die Prinzessin sang lauter, um ihn nicht
hören zu müssen:

»Was kümmert mich dein albernes Lied,
du dummer Frosch, so glitschig und klein.
Ich geh' nimmer in des Brunnens Gebiet,
und nie werd' ich deine Gemahlin sein«.

So dachte sie, und sie hoffte, dass sie damit den
lästigen Mahner los wäre.

An diesem Abend saß die Prinzessin mit ihrem
Vater im großen Saal des Schlosses und sie wollten zu Abend essen, als sie plötzlich ein eigenartiges Klopfen an der Tür hörten. Der Diener öffnete, da saß der tropfende Frosch davor. Die
Prinzessin hielt sich die Hand vor den Mund und
wandte ihren Blick ab. Der Frosch begann zu

singen und sie hielt sich mit den Händen die Ohren zu:

»Vergiss nicht, den Ball habe ich dir gebracht,
im Garten aus dem Brünnelein
Nun teilen wir Haus, Teller und Bett
in der Nacht,
denn du sollst meine Gemahlin sein«.

»Was hat das zu bedeuten?«, fragte der Vater. Und so erzählte die Prinzessin von der verlorenen Kugel und von dem Versprechen, das sie dem Frosch gegeben hatte.

»Und du hast es wirklich versprochen?«, fragte der Vater.

Die Prinzessin nickte. »Ja«, sagte sie, »doch ich dachte, er meine es nicht ernst.«

DER FROSCHKÖNIG

Der Frosch saß glucksend und tropfend auf der Türschwelle, hörte zu und sah die Prinzessin mit seinen großen gelben Augen an.

»Nun«, sagte der Vater, »versprochen ist versprochen. Du musst deinen Frosch hineinbitten.«

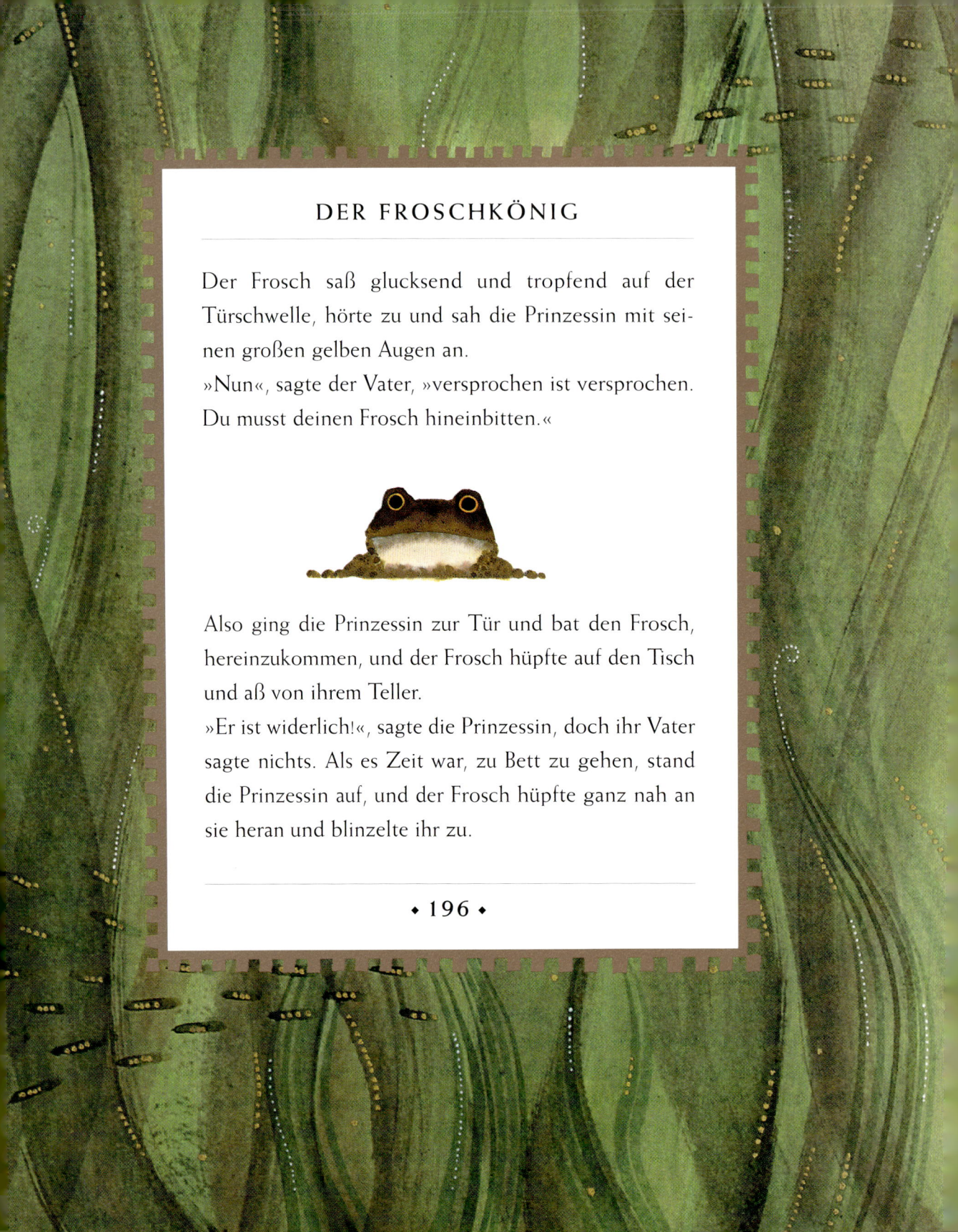

Also ging die Prinzessin zur Tür und bat den Frosch, hereinzukommen, und der Frosch hüpfte auf den Tisch und aß von ihrem Teller.

»Er ist widerlich!«, sagte die Prinzessin, doch ihr Vater sagte nichts. Als es Zeit war, zu Bett zu gehen, stand die Prinzessin auf, und der Frosch hüpfte ganz nah an sie heran und blinzelte ihr zu.

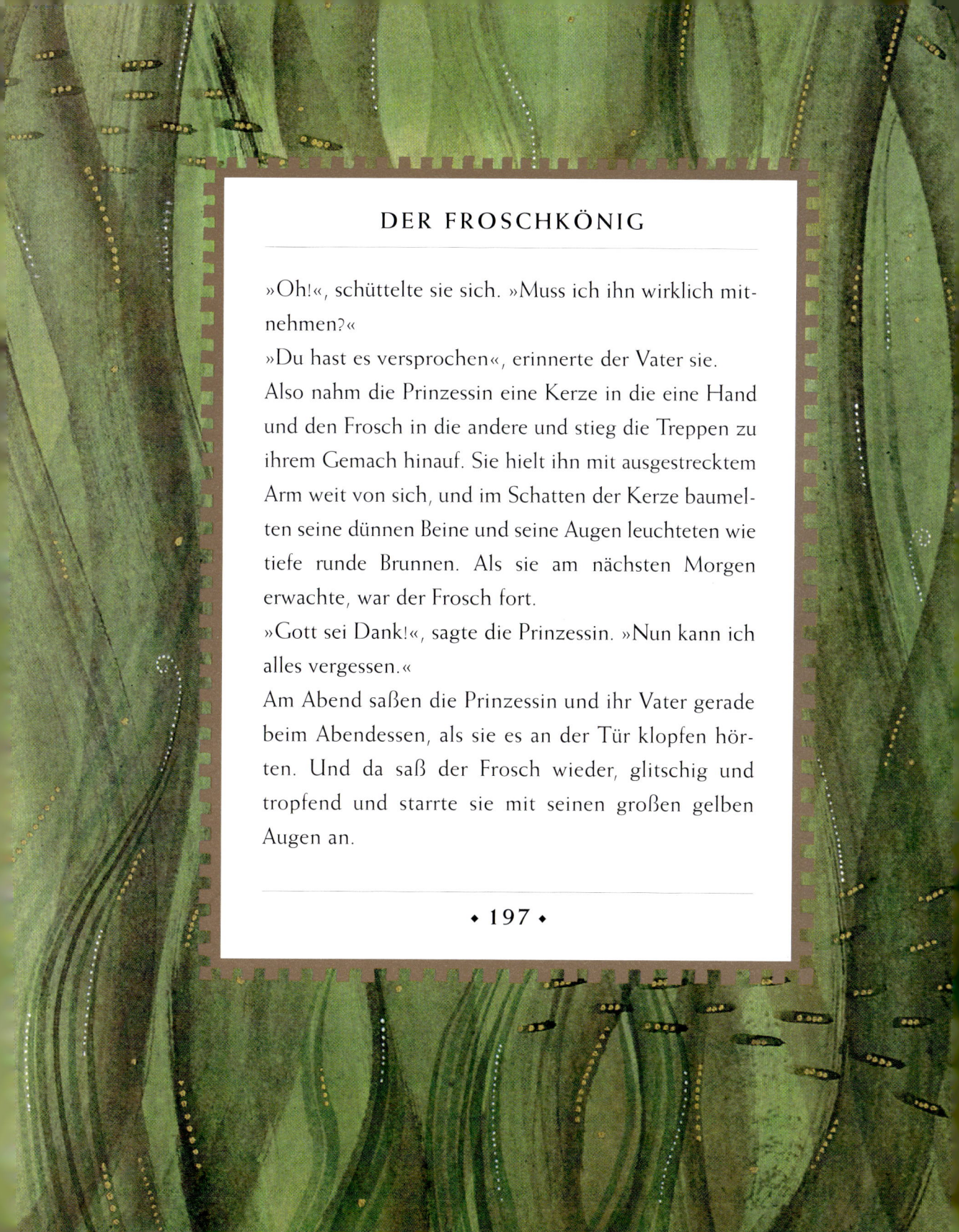

DER FROSCHKÖNIG

»Oh!«, schüttelte sie sich. »Muss ich ihn wirklich mitnehmen?«

»Du hast es versprochen«, erinnerte der Vater sie.

Also nahm die Prinzessin eine Kerze in die eine Hand und den Frosch in die andere und stieg die Treppen zu ihrem Gemach hinauf. Sie hielt ihn mit ausgestrecktem Arm weit von sich, und im Schatten der Kerze baumelten seine dünnen Beine und seine Augen leuchteten wie tiefe runde Brunnen. Als sie am nächsten Morgen erwachte, war der Frosch fort.

»Gott sei Dank!«, sagte die Prinzessin. »Nun kann ich alles vergessen.«

Am Abend saßen die Prinzessin und ihr Vater gerade beim Abendessen, als sie es an der Tür klopfen hörten. Und da saß der Frosch wieder, glitschig und tropfend und starrte sie mit seinen großen gelben Augen an.

DER FROSCHKÖNIG

»Vergiss nicht, den Ball habe ich dir gebracht,
im Garten aus dem Brünnelein.
Nun teilen wir Haus, Teller und Bett
                    in der Nacht,
denn du sollst meine Gemahlin sein.«
»Versprochen ist versprochen«, sagte der Vater.
»Aber er ist so ekelhaft! Oh, ist der widerlich!
Oh, wie ich Frösche hasse!«
Die Prinzessin bat ihn, hereinzukommen, und als
sie am Tisch saß, kam er hinaufgehüpft und aß
von ihrem Teller, und als sie schlafen ging, kam
er mit und schlief neben ihr in ihrem blüten-
weißen Bett. Aber als der Morgen nahte, war er
verschwunden.

DER FROSCHKÖNIG

»Heute Abend wird er wiederkommen«, sagte
die Prinzessin, »und so kommt er jeden Abend,
und ich werde ihn niemals loswerden.«

»Das mag schon sein«, sagte der Vater, »aber
versprochen ist versprochen.«

Und, natürlich, am Abend kam der Frosch und
sang auf der Türschwelle sein Lied:

»Vergiss nicht, den Ball habe ich dir gebracht,
im Garten aus dem Brünnelein.
Nun teilen wir Haus, Teller und Bett
in der Nacht,
denn du sollst meine Gemahlin sein.

Mit seinen feuchten Augen zwinkerte er ihr zu
und verschlang das Essen von ihrem Teller und

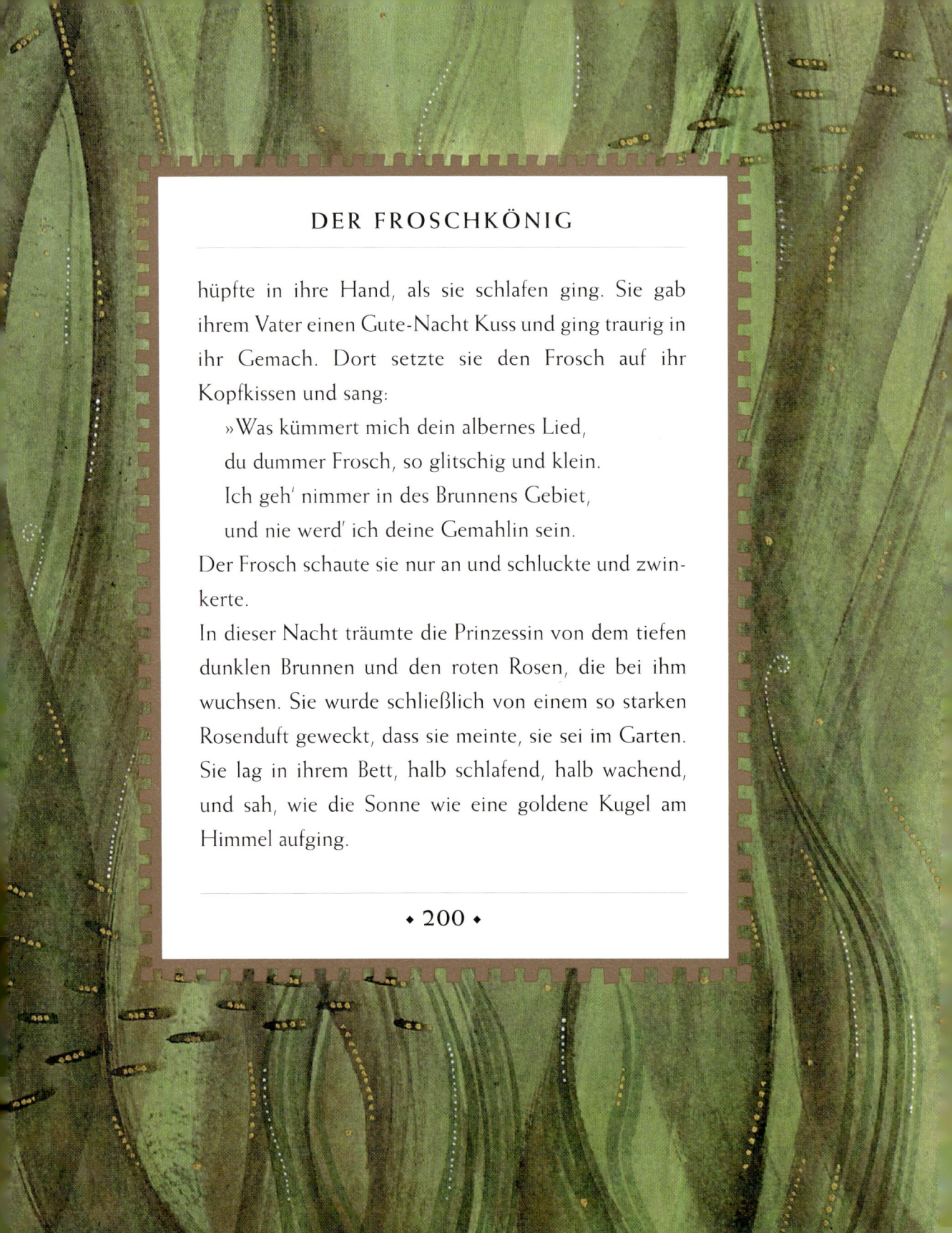

DER FROSCHKÖNIG

hüpfte in ihre Hand, als sie schlafen ging. Sie gab ihrem Vater einen Gute-Nacht Kuss und ging traurig in ihr Gemach. Dort setzte sie den Frosch auf ihr Kopfkissen und sang:

»Was kümmert mich dein albernes Lied,
du dummer Frosch, so glitschig und klein.
Ich geh' nimmer in des Brunnens Gebiet,
und nie werd' ich deine Gemahlin sein.

Der Frosch schaute sie nur an und schluckte und zwinkerte.

In dieser Nacht träumte die Prinzessin von dem tiefen dunklen Brunnen und den roten Rosen, die bei ihm wuchsen. Sie wurde schließlich von einem so starken Rosenduft geweckt, dass sie meinte, sie sei im Garten. Sie lag in ihrem Bett, halb schlafend, halb wachend, und sah, wie die Sonne wie eine goldene Kugel am Himmel aufging.

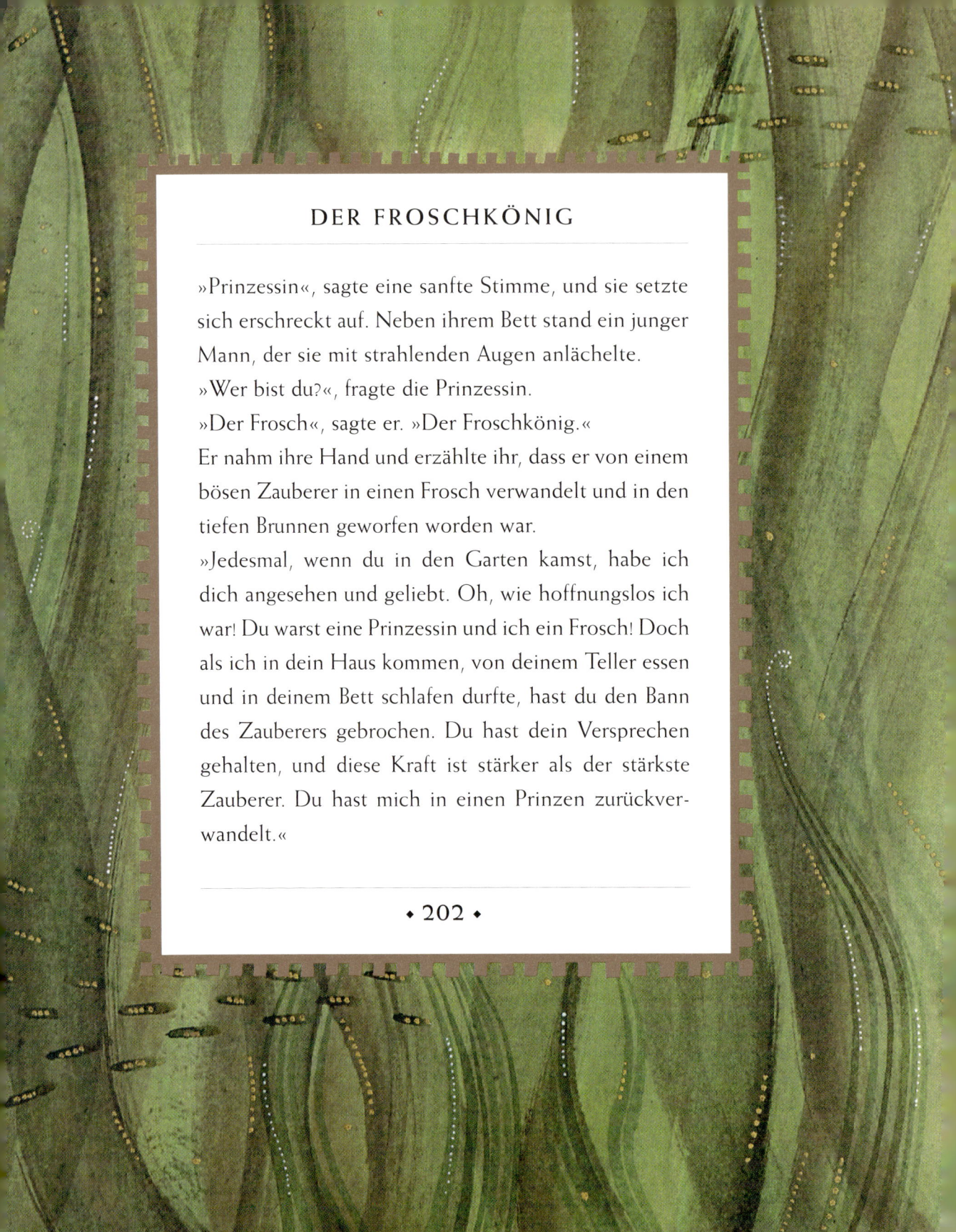

DER FROSCHKÖNIG

»Prinzessin«, sagte eine sanfte Stimme, und sie setzte sich erschreckt auf. Neben ihrem Bett stand ein junger Mann, der sie mit strahlenden Augen anlächelte.

»Wer bist du?«, fragte die Prinzessin.

»Der Frosch«, sagte er. »Der Froschkönig.«

Er nahm ihre Hand und erzählte ihr, dass er von einem bösen Zauberer in einen Frosch verwandelt und in den tiefen Brunnen geworfen worden war.

»Jedesmal, wenn du in den Garten kamst, habe ich dich angesehen und geliebt. Oh, wie hoffnungslos ich war! Du warst eine Prinzessin und ich ein Frosch! Doch als ich in dein Haus kommen, von deinem Teller essen und in deinem Bett schlafen durfte, hast du den Bann des Zauberers gebrochen. Du hast dein Versprechen gehalten, und diese Kraft ist stärker als der stärkste Zauberer. Du hast mich in einen Prinzen zurückverwandelt.«

DER FROSCHKÖNIG

»So mag ich dich auch viel lieber als vorher«, sagte die Prinzessin.

»Und ich möchte nie wieder ohne dich sein.« Er nahm auch ihre andere Hand und sagte: »Jeden Tag meines Lebens möchte ich mit dir verbringen, denn du sollst meine Gemahlin sein. Sag', willst du meine Frau werden?«

Und die Prinzessin sagte ja.

DIE WILDEN SCHWÄNE

Es waren einmal vor langer Zeit ein König und eine Königin, die hatten elf Söhne. Als eines kalten Wintertages die Königin in ihrem Garten war, sah sie einen Vogel mit schwarzen Flügeln und einen schneebedeckten Busch mit Beeren, die waren rot wie Blut.

Da sagte die Königin: »Ach, wie sehr wünsche ich mir eine Tochter! Ihre Haut wäre so weiß wie dieser Schnee, ihre Lippen wären so rot wie diese Beeren und ihr Haar wäre so schwarz wie die Flügel dieses Vogels. Ich würde sie über alles lieben!«

DIE WILDEN SCHWÄNE

Da stand plötzlich eine alte Frau mit langem grauen Haar, das wie Federn herabfiel, vor ihr und sagte: »Was für ein einfältiger Wunsch! Aber da du ihn nun einmal ausgesprochen hast, soll er auch erfüllt werden. Du sollst eine Tochter bekommen, aber an ihrem zwölften Geburtstag wirst du alle deine Söhne verlieren.«

Also bekam die Königin eine Tochter, deren Haut war so weiß wie Schnee, ihr Haar so schwarz wie Rabenflügel und ihre Lippen und Wangen so rot wie Beeren.

»Ich nenne dich Schnee-Rose«, sagte die Königin. Ihre Brüder liebten sie, und ihre ganze Kindheit verbrachten sie spielend im Garten. Aber am Tag vor Schnee-Roses zwölftem Geburtstag erinnerte sich die Mutter der Worte, die die alte Frau gesagt hatte.

»Wir müssen unsere Söhne schützen«, sagte sie zu ihrem Mann. »Wir wollen sie in einem Turm verstecken, in dem ihnen nichts geschehen kann.«

DIE WILDEN SCHWÄNE

Und so taten sie es, doch in dem Turm stand ein Fenster offen, und als der Tag sich neigte, hörte man ein heftiges Flügelschlagen und man sah elf Schwäne aus dem Turm hinaus in die finstere Nacht fliegen, die fremdartige und wehmütige Laute ausstießen. Sie kreisten über den schwarzen Bäumen des Schlossgartens und kreisten lange über dem Zimmer, in dem Schnee-Rose schlief. Sie flogen hinunter, reckten ihre langen Hälse und schwangen ihre weiten Flügel.

»Schnee-Rose!«, riefen sie. »Lebwohl, Schnee-Rose!« Das Mädchen träumte von ihren Brüdern, aber sie merkte nicht, dass sie bei ihr waren, in Schwäne verwandelt und über den Dächern schwebend. Als der Morgen anbrach, erhoben sie sich hoch in die Winde und flogen viele Tage und Nächte lang, bis sie zu einem finsteren Wald gelangten, der sich bis an das Meeresufer erstreckte. Und dort landeten sie.

DIE WILDEN SCHWÄNE

Als Schnee-Rose erfuhr, dass ihre Brüder fort waren und dass sie der Grund dafür war, bat sie um Erlaubnis, ihnen folgen zu dürfen.

»Geh' nicht«, sagte die Königin, »ich müsste fürchten, dich auch noch zu verlieren.« Schnee-Roses Trauer um ihre Brüder währte ein Jahr und einen Tag lang – dann kam eine Nacht, in der die Mondsichel silbern am Himmel stand. Da stahl sie sich aus dem Schloss und begab sich auf die Suche nach ihren Brüdern. Tagelang lief sie über die Felder und durch die Wälder, an den murmelnden Flüssen entlang. Schließlich gelangte sie zu einem Wald, in dem war es so finster, dass sie glaubte, niemals wieder die Sonne zu sehen. Bald schon schlief sie von Hunger und Kälte geplagt ein. Im Traum sah sie ihre Brüder, wie sie mit ihr im Garten des Schlosses spielten. Als sie erwachte und sah, wie groß und finster der Wald war, fürchtete sie sich wie nie

DIE WILDEN SCHWÄNE

zuvor in ihrem Leben, dann aber kam ein Schwarm von Glühwürmchen, die das Gras um sie herum erleuchteten und ihr ein wenig Trost schenkten. Im Morgengrauen hörte sie, wie sich jemand durch das Dunkel auf sie zu bewegte. Da versteckte sie sich und sah eine alte Frau mit langem grauen Haar, das wie Federn herabfiel, die einen Korb mit Beeren trug. Sie bat sie um ein paar Früchte und sagte: »Ich suche meine Brüder. Hast du elf Prinzen hier vorüberreiten gesehen?«

»Nein«, sagte die Alte, »aber geh' nur hier immer weiter bis zur Küste; dort wirst du etwas sehen, das dich an deine Brüder erinnern wird.«

Schnee-Rose bedankte sich und gelangte bald zum Waldrand. Dort sah sie einen Ozean, der sich, so weit sie blicken konnte, in die Ferne erstreckte. Sie ging am Ufer entlang und fand dort elf Schwanenfedern. Sie hob sie auf und schaute sie verwundert an, und sobald

DIE WILDEN SCHWÄNE

sie alle in der Hand hielt, vernahm sie ein Flügel-
rauschen von elf Schwänen, die über ihr am Himmel
schwebten. Und als der Abend dämmerte, setzten sich
die Schwäne an das Ufer und verwandelten sich in elf
junge Männer, in denen sie ihre Brüder erkannte.

Da erfüllte sich ihr Herz mit Freude, weil sie sie wie-
dergefunden hatte. Und ihre Brüder erzählten ihr, dass
sie während der hellen Stunden des Tages ohne zu
rasten am Himmel schweben müssten. Am Abend verwandelten sie sich in Menschen und mussten mit dem
ersten Moment des Tageslichtes wieder hinaufsteigen,
um als Schwäne ohne Unterlass zu fliegen und zu fliegen.

Da war ihr Mitleid für ihre Brüder so groß, dass sie
weinte wegen des Schicksals, das sie um ihretwillen er-
leiden mussten.

»Weine nicht um uns«, sagte da ihr Lieblingsbruder,

DIE WILDEN SCHWÄNE

der der jüngste von ihnen war. »Wir kamen her in der Hoffnung, dich zu finden, und dies ist geschehen. Länger als eine Nacht können wir jedoch nicht bei dir bleiben, denn wir leben nun in einem anderen Land, weit in der Ferne hinter diesem Ozean. Sobald der Tag anbricht, müssen wir wieder fort.«

»Dann nehmt mich mit euch!«, bat Schnee-Rose sie. Und so begannen sie eilig Reisig zu sammeln, um einen Korb für sie zu flechten, und als die Morgendämmerung anbrach, wurden sie zu Schwänen und erhoben sich mit Schnee-Rose in die Lüfte, und der jüngste flog über ihr, um ihre Augen vor dem Sonnenlicht zu schützen. So flogen sie den ganzen Tag hindurch. Als die Sonne im Ozean versinken wollte, wurden sie müde und wussten, dass sie nun bald einen Platz zum Landen finden mussten, wenn sie nicht in die Tiefe stürzen und ertrinken wollten.

DIE WILDEN SCHWÄNE

Da entdeckte der Jüngste einen Felsen, der wie der Kopf einer Robbe aus dem Wasser ragte, und gerade noch zur rechten Zeit landeten sie darauf. Sie hielten einander auf dem Felsen eng umschlungen, zu ängstlich, sich dem Schlaf hinzugeben.

Und als der Morgen kam, erhoben sie sich wieder als Schwäne in die Lüfte und gerieten mitten in eine finstere Wolke. Aber bald erstrahlte ein Regenbogen, dessen Farben schimmerten wie funkelnde Geister, und sie gelangten an einen hellen Strand, unweit eines mächtigen Schlosses. Hier wollten sie bleiben. Immer noch konnte Schnee-Rose nur in der Nacht bei ihren Brüdern sein. Wenn sie tagsüber ihre Bahnen am Himmel beschrieben, stand Schnee-Rose an der Küste. »Wenn ich ihnen doch nur helfen könnte«, sagte sie zu sich selbst – und im selben Moment erschien vor ihr die alte Frau.

DIE WILDEN SCHWÄNE

»Wenn du es wirklich willst, gibt es eine Möglichkeit«, sagte die Alte. »Und du bist die Einzige, die ihnen helfen kann.«

»Was kann ich tun? Es gibt nichts, was ich nicht versuchen würde!«

»Es ist aber sehr schwer«, warnte sie die Alte. Sie zeigte ihr ein Bund Brennnesseln und sagte: »Diese Brennnesseln wachsen hier überall. Du musst sie mit deinen bloßen Händen pflücken, dann musst du sie mit deinen bloßen Füßen zu Flachs treten und elf Mäntel daraus weben, für jeden deiner Brüder einen. Bist du dazu bereit?«

»Ja, ich will es tun!«, sagte Schnee-Rose ohne zu zögern.

»Und während all dem, darfst du kein Wort sprechen oder weinen oder singen oder lachen. Wenn du auch nur einen Laut von dir gibst, werden deine Brüder bis an das Ende ihrer Tage wilde Schwäne bleiben.«

DIE WILDEN SCHWÄNE

Und schon war sie fort.

Sofort begann Schnee-Rose über die Felder zu laufen und mit ihren bloßen Händen Brennnesseln zu sammeln. Als am Abend ihre Brüder zurückkehrten, erschraken sie, als sie Schnee-Rose mit rotgeschwollenen Händen und Füßen bei einer Kerze sitzen sahen. Als sie kein Wort sprach, fragten sie sie: »Liebste Schwester, erzähl' uns doch, was geschehen ist!« Doch sie sprach kein Wort. So war es nun an jedem Abend, und die Brüder hatten keine andere Erklärung, als dass sie zufrieden mit ihrer Beschäftigung war, den ganzen Tag über Brennnesseln zu sammeln und den fertigen Flachs zu weben. Und als sie den ersten Mantel beendet hatte, strahlten ihre Augen vor Freude.

Eines Morgens kamen ein paar Jäger vorüber. Sie sahen das schöne Mädchen allein bei seiner Arbeit sitzen und riefen ihren Prinzen herbei. Sogleich verliebte er sich

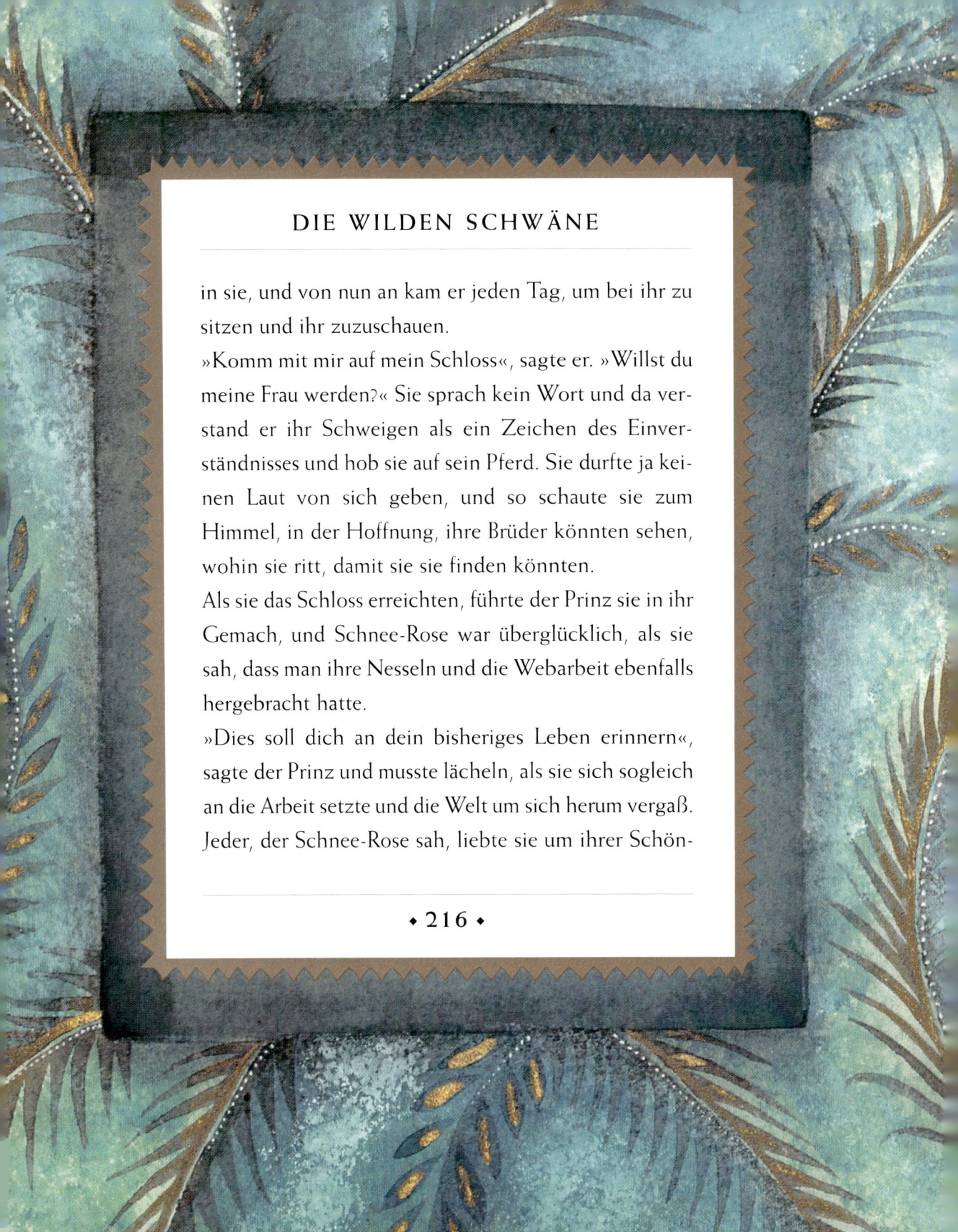

DIE WILDEN SCHWÄNE

in sie, und von nun an kam er jeden Tag, um bei ihr zu sitzen und ihr zuzuschauen.

»Komm mit mir auf mein Schloss«, sagte er. »Willst du meine Frau werden?« Sie sprach kein Wort und da verstand er ihr Schweigen als ein Zeichen des Einverständnisses und hob sie auf sein Pferd. Sie durfte ja keinen Laut von sich geben, und so schaute sie zum Himmel, in der Hoffnung, ihre Brüder könnten sehen, wohin sie ritt, damit sie sie finden könnten.

Als sie das Schloss erreichten, führte der Prinz sie in ihr Gemach, und Schnee-Rose war überglücklich, als sie sah, dass man ihre Nesseln und die Webarbeit ebenfalls hergebracht hatte.

»Dies soll dich an dein bisheriges Leben erinnern«, sagte der Prinz und musste lächeln, als sie sich sogleich an die Arbeit setzte und die Welt um sich herum vergaß. Jeder, der Schnee-Rose sah, liebte sie um ihrer Schön-

DIE WILDEN SCHWÄNE

heit willen. Mit Ausnahme der Mutter des Prinzen. Die hielt Schnee-Rose für die Tochter eines Holzfällers und war erzürnt, dass ihr Sohn ein so einfaches und stummes Mädchen ins Schloss gebracht hatte.

»Du bist nicht gut genug für meinen Sohn!«, herrschte sie sie an. »Ich werde ihm zeigen, wie wertlos du bist!« Als Schnee-Rose ein Bad im Fluss nahm, setzte ihr die Königin drei Kröten auf den Kopf, den Hals und die Schultern. »Mach sie so hässlich, wie du bist!«, sagte sie der ersten, und der zweiten: »Mach sie so glitschig, wie du bist!«, und zur dritten: »Mach sie so missmutig, wie du bist, und der Prinz wird sie hassen!«

Doch das Herz des Mädchens war zu rein und unschuldig, so dass der böse Zauber der Königin nicht wirken konnte, und die Kröten verwandelten sich, sobald sie Schnee-Roses Haut berührten, in rote Rosen und trieben im Fluss davon.

DIE WILDEN SCHWÄNE

Immer noch webte Schnee-Rose an ihren Mänteln, jeden Tag und jede Nacht, bei Mondschein und bei Kerzenlicht, und nichts konnte sie von ihrer Arbeit abhalten. Nach einer Weile gingen ihre Brennnesseln zur Neige und sie beschloss, in der Nacht das Schloss zu verlassen, um neue zu pflücken. Die besten Brennnesseln gab es auf dem Friedhof. Sie wusste, dass dort, bei den frisch ausgehobenen Gräbern, die Hexen und Zauberweiber nachts gern zusammenkamen, und man sagte, sie würden dort jede greifbare Kreatur, tot oder lebendig, verschlingen.

Schnee-Rose fürchtete sich sehr, doch sie brauchte ja unbedingt neue Nesseln. Und als sie sich in der Stille der Nacht aus dem Schloss schlich, geschah es, dass die Königin aus ihrem Gemach den Schein ihrer Kerze

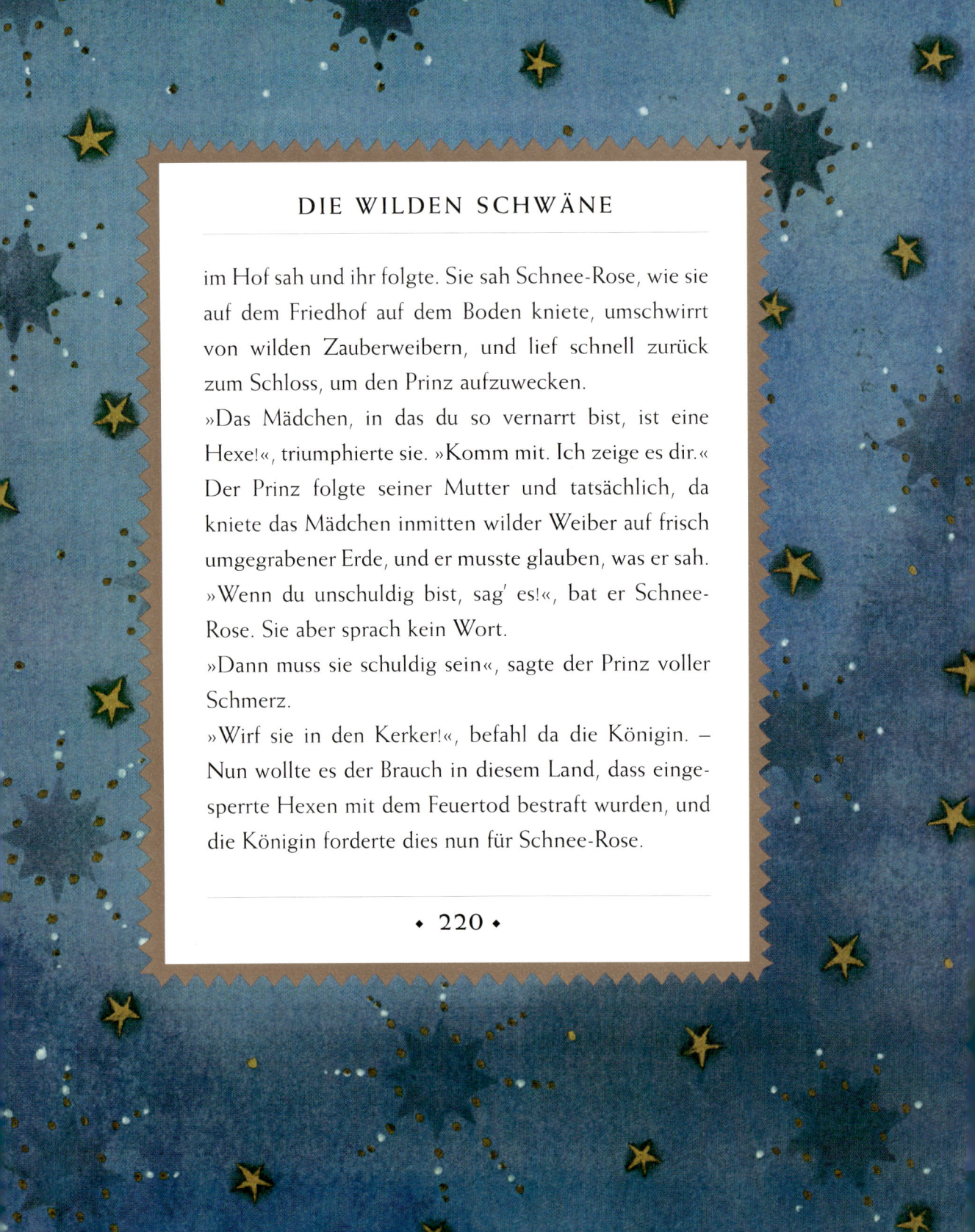

DIE WILDEN SCHWÄNE

im Hof sah und ihr folgte. Sie sah Schnee-Rose, wie sie
auf dem Friedhof auf dem Boden kniete, umschwirrt
von wilden Zauberweibern, und lief schnell zurück
zum Schloss, um den Prinz aufzuwecken.

»Das Mädchen, in das du so vernarrt bist, ist eine
Hexe!«, triumphierte sie. »Komm mit. Ich zeige es dir.«
Der Prinz folgte seiner Mutter und tatsächlich, da
kniete das Mädchen inmitten wilder Weiber auf frisch
umgegrabener Erde, und er musste glauben, was er sah.

»Wenn du unschuldig bist, sag' es!«, bat er Schnee-
Rose. Sie aber sprach kein Wort.

»Dann muss sie schuldig sein«, sagte der Prinz voller
Schmerz.

»Wirf sie in den Kerker!«, befahl da die Königin. –
Nun wollte es der Brauch in diesem Land, dass einge-
sperrte Hexen mit dem Feuertod bestraft wurden, und
die Königin forderte dies nun für Schnee-Rose.

DIE WILDEN SCHWÄNE

Still wie immer saß sie in ihrem Kerker und es kam der Abend, der ihr letzter auf dieser Welt sein sollte. Man hatte ihr Webzeug mit in den Kerker geworfen, damit sie darauf schlafen konnte. Über nichts hätte sie sich mehr gefreut, denn es galt nur noch, den elften und letzten Mantel zusammenzunähen.

Kurz vor der Abenddämmerung hörte sie ein Flügelschlagen vor den Gittern ihres Kerkers. Als sie zum Fenster lief, sah sie ihren jüngsten Bruder. Und beinahe hätte sie nach ihm gerufen, doch sie blieb still und sah, wie er seine Flügel ausbreitete und davonflog.

Am nächsten Morgen wurde ein großes Feuer entfacht, und Schnee-Rose auf einen Karren gesetzt und dorthin gebracht. Sie trug ihre Mäntel über dem Arm und während der Karren sie zum Feuer fuhr, nähte sie unaufhörlich weiter, als wäre die Welt um sie herum versunken. Nur der Ärmel des elften Mantels fehlte noch.

DIE WILDEN SCHWÄNE

Die Menschen spotteten und riefen: »Entreißt ihr das Zauberwerk!«

Doch als sie kamen und an den Mänteln zerrten, erhob sich ein wütendes Flügelschlagen über ihren Köpfen und die Luft wurde kalt wie Eis. Die elf Schwäne umkreisten die Stadtbewohner, und diese duckten sich und liefen vor Angst davon. Da nahm Schnee-Rose ihre elf Mäntel und warf sie über ihre Brüder.

Nun war der böse Zauber gebannt. Elf junge Männer standen neben ihr, nur der jüngste hatte anstelle eines Armes einen Schwanenflügel. Schnee-Rose erhob sich vom Wagen, trat vor den Prinz und sagte:

»Seht, mein Gemahl, ich bin unschuldig«.

Die Glocken der Stadt läuteten sieben Tage lang und die elf Brüder tanzten auf der Hochzeit des Prinzen und seiner Braut. Nur die böse Königin war nicht dort. Denn die hatte man ins Feuer geworfen.

Über die Märchen

Es war eine wunderbare Aufgabe, für dieses Buch einige der Hunderte von Märchen, die ich gelesen habe, auszuwählen. Sogar die vertrautesten Geschichten lassen sich in den verschiedensten Kulturen der Welt in abgewandelten Formen wiederfinden, und manchmal war es ein Problem, mich für diese oder jene Form als Grundlage für meine Fassung zu entscheiden. Ich machte mich auf die Suche nach den ersten Quellen und nach den perfektesten Fassungen. Unter den vielen von mir einbezogenen Quellen befinden sich die Brüder Grimm, Hans Christian Andersen, W.B. Yeats, A.N. Afanasiev, Charles Perrault, Madame Leprince de Beaumont und N.J. Dawood.

Ich möchte mich auch bei den vielen Kindern bedanken, die mit Begeisterung und Enthusiasmus zugehört haben, wenn ich die Geschichten auf meine Art erzählt habe; Lee, Liam, Tom, Matthew, Richard, Francis, Rosie, Katy, Amy, Alice, George und Alex von der Edale Grundschule.